유머와 함께
부동산 시장 흐름 읽기

유머와 함께
부동산 시장 흐름 읽기

웃기고 울리는 부동산

신현석 지음

도서출판 더로드
The Road Books

"유머를 통한 부동산 시장 흐름 읽기"

'웃다' 라는 말은 '기쁘거나 만족스럽거나 우스울 때' 또는 '어떤 일이나 모습 따위가 한심하고 기가 막힐 때' 사용한다. 한마디로 '좋은 일'과 '나쁜 일'에 모두 사용하는 단어다. '울다' 라는 말도 다르지 않다. '슬픔과 기쁨, 아픔과 즐거움'이 뒤섞인 감정을 모두 나타낸다. 부동산에 대해서 각자 느끼는 감정이 이와 같지 않을까 생각해 본다.

투자에 성공해서 돈 좀 벌어본 사람은 '좋아 죽을' 웃음과 울음을 보일 것이고, 평생 무주택자로 살았거나 투자에 실패를 본 사람은 '한숨 섞인' 웃음과 울음을 비칠 것이다. 이렇게 우리를 '웃기고 울리는' 것이 부동산이다. 때로는 관심 없고 무관하다고 말하는 사람에게도 깊은 영향을 주는 것이 부동산이다.

 방영된 지 시간이 많이 흘렀지만 일본에서 인기를 끈 드라마 '체인지'를 본 적이 있다. 극 중에서 주인공 '기무라 타쿠야'가 수상역을 맡았는데, 정치적인 이유로 사퇴 담화를 발표하는 장면이 있다. 그 대사 중에 '초등학교 5학년 아이도 알아들을 수 있는 쉬운 말로 하겠다.'라고 말하는 모습이 생각난다. 정치란 결코 어렵거나 먼 이야기가 아니라는 것을 상징적으로 보여주는 말이라고 하겠다.

 복잡한 정치도 쉽게 말할 수 있다는데 부동산도 그렇게 접근하려고 한다. 물론 부동산 투자를 하려면 쉽지 않은 공부가 필요하다. 당연히 해야 한다. 그런데 어려운 공부만 하다 보면 좋은 세월을 흘려보내기 쉽다. 지레 겁을 먹고 엄두를 못 낼 수도 있고, 하기 싫어서 때려치울 염려도 있다. 평범한 사람에게 '공부가 제일 쉬웠어요.'라는 말로 염장을 지르지 말자.

 세상 모든 일이 수학 공식처럼, 데이터에 나온 대로 돌아가는 것은 아니라고 본다. 대기업의 창업 1세대들이 '감'으로 경영한다는 말을 들어보았을 것이다. 부정적으로 평가하는 사람들도 있겠지만, 결코 감각적인 힘을 무시해서는 안 된다고 본다. 데이터를 집어

넣어 플러스가 산출되는 것만 투자를 실행했다면, 오늘날과 같은 거대 기업을 만들어 내지 못했을 수도 있다.

예측 보고서 대로만 창업하고 데이터만으로 경영한다면 정주영 회장의 '현대 조선소'나 박태준 회장의 '포항제철(포스코)'은 탄생하지도 못했을 것이다. 설계는커녕 생각도 못 했을 것이다. 우리나라를 비롯한 세계 다른 나라의 사례도 이와 같은 일이 셀 수 없이 많을 것이다.

부동산 투자를 하는 것도 이와 비슷한 면이 있다고 본다. 투자를 결정하는 데 있어 여러 가지 분석을 하고 예측을 하는 것은 당연한 자세다. 그런데 미래의 일이라는 것은 변수가 많아 어떤 결과가 나타날지 아무도 예단할 수 없다. 단지 많은 데이터를 가지고 비스름하게 추측할 뿐이다. 그래서 '감'이라고 말하는 것도 필요하다고 본다. 본능적인 감각 내지는 느낌 말이다.

그러한 투자 감각을 익히는 데 도움이 되고자 이 책을 쓰게 되었다. 감을 잡는 데 너무 어려운 내용으로 채우는 것은 어울리지도 않을뿐더러 필자의 실력도 못 미친다. 그래서 생각해 낸 것이 '유머를 통한 부동산 시장 흐름 읽기'다. 재미있게 웃고 즐기면서 시장

전체를 바라보는 안목을 기를 수 있을 것이다.

인터넷상에서나 책에서 유머를 고르는 것도 시간이 걸린다. 이유를 들어보면,

첫째, 어떤 것은 웃기려다 자칫 비웃음만 살 것 같은 내용이 있고 - 투자 실패
둘째, 어떤 것은 별로 웃기지 않고 - 본전치기
셋째, 어떤 것은 웃기는데 야하거나 지저분한 느낌이 들고 - 수익은 있으나 위법
넷째, 어떤 것은 웃기기도 하고 남에게 써먹을 수 있고 - 진정한 투자 성공

이렇게 나누어 볼 수 있어서 유머를 고르는 것이 쉬운 작업만은 아니다.

유머를 선택하는 것이나 부동산을 고르는 것이나 유사하다. 우량한 부동산을 탐색하는 작업과 배가 아프도록 웃기는 유머를 찾는 작업은 닮았다. 어떤 사람에게는 웃음을 주는데 어떤 이에게는 썰렁함을 안겨줄 수 있다. 부동산도 각자 사정에 따라 호불호가 갈리

듯이 말이다. 부지런히 움직여야 양질의 부동산을 구하듯, 무릎을
치게 만드는 유머 역시 마찬가지다. 부디 이 책이 여러분에게 웃음
과 재미를 안기면서, 부동산에 쉽게 접근하도록 도움을 주었으면
하는 바람이다.

2020년 서재에서...

저자 **신현석**

우량한 부동산을 탐색하는 작업과
배가 아프도록 웃기는
유머를 찾는 작업은 닮았다.

이 둘 다 어려운 작업임은
틀림없다.

Contents | **차례**

Chapter

02 영원한 맞수, 정책과 시장 _ 55

Chapter

03 투자의 기초부터
탄탄히 _ 91

Chapter

04 투자인가 투기인가, 이것이 문제로다 _ 127

Chapter

05 행동 경제학도 울고 가는
투자 심리학 _ 165

Chapter

06 부동산에 웃고, 부동산에 운다 _ 205

미래의 집값에 대한 예상은 '오를 가능성이 있다.'로 정리된다.
물론 인기 지역을 중심으로 말이다.

Chapter 01

우리나라
부동산 시장의
미래는
어떨까?

셜록 홈스[1]와 왓슨이 함께 텐트를 치고 야영을 했다.

잠을 자던 중 갑자기 홈스가 왓슨을 깨워 물 | **1)** 영국의 추리소설가 '아서 코
었다.   넌 도일'의 작품에 명탐정으로
                                                        등장하는 주인공.

"이보게 왓슨, 저 별을 보고 무엇을 추리할 수 있겠는가?"

"글쎄, 지구와 같은 행성이 수억 개의 별 가운데 있다면,

외계 생명체가 존재할 수 있다는 뜻이겠지."

"이봐, 별이 보인다는 건 누가 우리 텐트를 훔쳐 갔다는 뜻이잖
아!"

이 유머는 총 1만 개의 후보 중 70개국 10만 명의 네티즌으로부
터 47%의 지지를 받아 채택된 것이라고 한다. 웃기는 유머 1위를

했다고 하니 잔뜩 기대하고 웃을 준비를 한 사람에게는 오히려 실망을 안겨 주었을 수도 있겠다. 아니면 '별로다' 라고 느꼈을지도 모르겠다. 사실 읽어보면 대단한 유머는 아니다.

물론 재치와 위트는 녹아있다. 하지만 박장대소할 만한 내용은 아니라고 본다. '피식' 웃음을 흘릴 사람도 있고, 아재 개그 한다고 돌을 던질 사람도 있을 것이다. 우리 속담의 '소문난 잔치 먹을 것 없다.' 라는 말과 일맥상통하는 것 같다.

부동산 투자 시 몇천만 원 또는 몇억 원을 단기간에 벌었다는 말을 들으면, 상당한 수익을 올렸다고 생각하는 사람이 있을 수 있다. 그런데 자세히 뜯어보면 세금을 내고 이래저래 비용을 빼면 순수익은 반토막 날 수도 있고, 실제 손에 쥐는 액수는 훨씬 적을 수 있다. 때로는 과장된 언사로 자랑을 늘어놓았는지 알 수 없는 일이다. 팩트를 구분하는 것은 쉬운 작업이 아니다.

이와 비슷하게 부동산 가격이 폭등했다거나 폭락했다는 뉴스를 자세히 들여다보면 현실성이 떨어지는 내용도 많다. 일주일에 수억 원이나 상승했다고 해서 막상 확인하면, 호가만 올려서 거래되지도 않는 케이스를 인용하는 때도 있다. 많이 떨어졌다고 해도 실제로 확인해 보면 특수하게 한두 건 거래된 것에 불과할 때도 있다. 때로는 특정 집단의 입맛에 맞게 정보가 가공되기도 한다. 입주민들의 가격 담합이 있을 수도 있고, 작전 세력의 농간일 수도 있다.

부동산 대책도 마찬가지다. 시작은 요란하고 시끌벅적한데 시행 단계에서 흐지부지되거나 실제로 적용해 보면 실속이 없는 경우도 허다하다. 소문만 무성하고 먹을 것이 없는 대책을 남발하면 결국 시장의 '내성만 키우는' 결과를 가져온다. 부동산 대책이 하루가 멀다 하고 나오면, 반복되는 패턴에 익숙해져 효과가 지속되는 시간이 짧아진다. 아니면 대책이 나와도 시장이 반응하지 않는 지경에 이른다.

02 지역 차별화가 진행될 것

〈골인〉

크리스티아누 호날두가 축구 경기 중 골을 넣었다.

캐스터 : 슛! 골~ 골~ 멋진 개인기입니다!!

호날두 선수, 역시 화려한 플레이를 보여주는군요.

동남아 선수가 골을 넣었다.

캐스터 : 네, 한 골 넣는 베트남 선수. 상대 편 수비수들이 방심했군요.

〈세리머니〉

호날두가 골을 넣고 세리머니를 했다.

캐스터 : 호우~ 세리머니!! 호날두 선수의 세리머니는 전매특허예요.

동남아 선수가 골을 넣고 세리머니를 했다.

캐스터 : 네, 기뻐하는 5번 선수. 스코어는 4:1이 됩니다.

'인종 차별'이나 '남녀 차별'과는 차원이 다른 '부동산 차별화'에 대해 이야기해 보자. 부동산 뉴스를 듣다 보면 '차별화'라는 말이 자주 등장한다. 지역적으로 가격의 차이가 나는 것은 움직이지 못하는 부동산의 특성상 어쩔 수 없는 현실이다. 서울과 경기권이 다르고 수도권과 지방의 부동산 가격이 다른 것도 받아들여야 하는 부분이다.

그런데 조금 듣기 거슬리는 소리가 있다. 부동산 전문가라는 사람들이 "앞으로의 부동산 시장은 지역별 차별화가 이루어질 것이다." 또는 "오르는 곳은 계속 오를 것이다."라고 하는 말이다. 이런 이야기는 일반적이고 포괄적인 내용으로 실전 투자에서 도움이 안된다. 지역별 차별화라고 해도 구체적으로 어느 지역, 어느 단지로 특정하지 않는 한 '의미 없는' 소리이기 때문이다.

부동산에서 차별적인 요소가 존재하기 때문에 투자 수익의 차이가 발생한다. 여기서 차별은 외부적인 가치와 내재 가치를 모두 말한다. 아파트라면 위치, 세대수, 브랜드, 학군, 편의시설, 조망, 평면, 향 등 다양한 이유로 차별화가 존재한다. 일자리와 얼마나 가까운 것인가가 제일 큰 영향을 미치기도 한다. 마찬가지로 주택 외 다른 품목도 차별화를 부정할 수는 없을 것이다.

돈이 몰리는 부동산은 따로 있듯이, 어떤 지역은 혜택도 못 받고 소외되는 곳이 존재한다. 때로는 만만하게 두들겨 맞는 지역이 있다. 투자자들에게는 관심권 밖이겠지만, 정부 당국에서는 지나쳐서는 안 될 것이다. 꼴찌에게 관심을! 지방에도 관심을! 소외 지역에도 관심을!

03 | 틈새를 노려라
투자상품은 많다

비행 중인 여객기의 엔진에 문제가 발생했다.

기장은 승무원에게 승객들을 자리에 앉히고 비상 착륙에 대비하라고 지시했다.

기장이 비상 착륙할 준비가 됐느냐고 물었다.

그러자 비행기 뒤쪽에서 승무원 한 명이 큰소리로 대답했다.

"이쪽은 한 사람만 빼고 다 준비가 됐습니다."

대체 누구냐고 기장이 물었다.

"이 사람은 변호사인데 좌석을 돌아다니며 명함을 돌리고 있습니다."

경제 여건은 늘 변하기 마련이다. 안전 자산이라고 하는 부동산 역시 마찬가지다. 나 홀로 움직이는 것이 아니기 때문이다. 부동산 경기는 등락을 반복한다. 가격 역시 올라갔다 내려갔다를 되풀이 한다. 학자들은 장기적인 가격 추이를 상하 진폭이 있으면서 우상 향하는 그래프로 그려낸다. 장기 보유하면 결국 이득을 볼 것이라 는 말인데, 건설사나 분양사 그리고 투자 강사나 중개업자들이 자 주 인용하기도 한다.

우리 속담에 '하늘이 무너져도 솟아날 구멍은 있다.'라는 말이 있다. 오르락내리락하는 부동산 시장에서도 꾸준히 수익을 올리는 투자자도 있다. 때로는 하락장에서도 수익을 내기도 한다. 어떤 투 자 품목을 선택하느냐, 어느 지역을 선택하느냐에 따라 결과가 크 게 차이가 나겠지만 말이다. 수익을 좇아 움직이는 것은 투자를 업 으로 삼는 사람들의 '직업병'이 아닐까 생각해 본다.

주거용 아파트나 빌라, 오피스텔 등을 규제하면 비주거용인 상가 나 토지로 이동하는 것이 틈새를 노리는 대표적인 예라 할 것이다. 서울을 규제하면 경기도로, 수도권을 규제하면 지방으로 옮겨간 다. 재건축을 규제하면 재개발로, 재개발을 규제하면 또 다른 투자 처를 찾아 움직인다. 이른바 '풍선 효과'다.

건설사 입장에서도 아무리 경기가 어려워도 틈새 상품을 만들어야 생존할 수 있다. 마찬가지로 관련 업계에서도 이에 동조하기 시작한다. 투자 강사도 사정이 같고, 분양업자나 중개업자도 다를 바 없다. 틈새 지역을 개척하든 틈새 상품을 만들든, 부동산 침체기에는 살아남기 위해서 안간힘을 쓰는 것이 당연한 일일 것이다.

04 | 인구 증가 장려
새로운 표어

1960년대 : '덮어 놓고 낳다 보면 거지꼴을 못 면한다.'
1970년대 : '아들, 딸 구별 말고 둘만 낳아 잘 기르자.'
1980년대 : '하나씩만 낳아도, 삼천리는 초만원'

우리나라의 인구에 대한 90년대 이전의 정부 대책은 주로 산아 제한, 즉 '인구 억제' 였다. 위에서 본 표어가 대표적이다.

60년대 표어는 현재의 눈으로 보면 촌스럽기도 하고 과격한 느낌마저 든다.

70년대 표어는 당시의 남아 선호사상을 꼬집은, 세태가 반영된 것임을 알 수 있다.

80년대 표어는 출산을 장려해야 하는 시기에, 흐름을 제대로 읽지 못한 당국의 실수라고 최근에야 밝혀진 바 있다.

그런데 이제는 초저출산으로 국가적인 위기를 맞이하였다. 이에 과거에 썼던 것을 고쳐서 다른 출산장려 표어가 등장해야 한다고 본다. 아래는 패러디 형식으로 수정해 본 것이다.

[덮어 놓고 낳다 보면 하나쯤은 건진다]
[아들, 딸 구별 말고 힘 닿는 데까지]
[하나씩만 낳아도, 누가 그런 소릴!]

[이병철[2]은 8남매, 정주영[3]은 9남매]
[개인은 낳고, 국가는 기르고]
[낳기만 하세요, 국가가 키우겠습니다]

2) 삼성 그룹 창업주.
3) 현대 그룹 창업주.

표어도 표어지만 사회적인 분위기를 다자녀 출산을 장려하는 방향으로 이끌어야 한다. TV나 매스컴에서 드라마나 오락 프로그램을 제작할 때 다자녀를 권장하고 반기는 분위기를 조성해야 한다고 본다. 청년층에 대한 다양한 지원책 특히 '일자리 대책'이 무엇보다 중요하다고 생각한다.

또한, 결혼수당, 출산수당, 양육수당, 교육수당 등에 더하여 주택 청약 혜택, 주택제공, 직장 우선채용 등 각종 지원책을 아끼지 말았으면 한다. 이미 지난 10년간 무려 120조 원을 투입했다는 뉴스가 있었는데, 저출산 현상이 호전되었다는 소식이 보이지 않는 것은 안타까운 일이다.

05 | 좋은 직업 전문가들의 부동산 시장 예측

엄마가 아들과 함께 직업박람회에 갔다.

그곳에서는 제각기 직업을 대표하는 사람들이 왜 그 직업이 좋은가를 설명하고 있었다.

몇 군데 설명을 듣고 난 후 아들은 기상학자의 부스에 가더니,

"일기예보를 하는 직업의 매력은 무엇이죠?"하고 물었다.

그 사람은 웃으면서 대답했다.

"50%를 잘못해 놓고 자리를 지킬 수 있는 직업이 또 있을까요"

매스컴에서는 해마다 연초에 부동산 전망을 내놓는다. 특히 신문에 '올해 부동산 시장 예측'이라는 헤드라인을 중심으로 부동산 전문가들의 주장을 지면에 싣는다. 연초가 아니어도 때로는 어떤 부동산 대책이나 정책의 변동이 있을 때, 그에 맞는 전문가들의 의견

을 들어보기도 한다. 그런데 그들을 역추적해 보았을 때 과연 몇 %나 정확히 맞추었을지 의구심이 든다.

상승론자들이 압도적으로 많아 언론에서 보도된 내용대로만 하면 우리나라 부동산 가격은 늘 오른다고 봐야 한다. 맨날 오른다고 주장하는 사람은 해가 바뀌든 말든 상승론을 지지하고 지면도 넓게 차지한다. 하락론 내지는 보합론을 주장하는 사람의 목소리는 작고 지면도 좁다.

상승론자들의 단골 메뉴 중 하나는 공급 부족이다. 필요한 곳에 공급이 적으니 가격은 상승한다고 한다. 가격이 수요와 공급만으로 결정되지 않는 것을 아는 사람들이 너무 단편적인 것만 부각한다. 공급은 무한정할 수 없다는 약점을 노린 듯한 느낌마저 든다.

전문가라는 사람들이 제대로 된 데이터와 올바른 결과물을 가지고 자신의 주장을 펼치는지도 의심스럽다. 인풋이 정확해야 아웃풋도 쓸 만한 결과가 도출될 것이다. 이들의 배후나 관련 업계도 알아봐야 한다. 즉, 출신 성분을 살펴봐야 한다. 건설사나 시행사와 이해관계가 얽힌 전문가는 당연히 그들 편에 서서 상승론을 앞세울 것 아닌가. 지금까지의 발언과 예측에 대한 검증이 병행되어야 하는데 그럴 가능성은 낮아 보인다.

부동산 시장에 영향을 끼치는 것은 정부 정책을 비롯한 금리, 세금, 수요와 공급, 투자 심리, 세계 경제 흐름 등의 변수가 많아 예측하기 어려운 것이 현실이다. 누구라도 정확히 미래를 예언한다는 것은 불가능에 가까울 수도 있다. 그래도 보통 사람들은 앞으로 부동산 시장이 어떻게 펼쳐질지 궁금하기도 하고, 그나마 전문가들의 실력이 더 낫다고 생각해서 참고하려고 관심을 가진다. 부동산 전문가들의 정확한 분석과 양심이 요구되는 것은 이 때문이다.

다행인 것은 몇 개월 혹은 몇 년 전의 일을 기억하는 독자는 많지 않다는 점이다. 독자들이 검증을 안 하니 예측이 틀리거나 빗나가도 책임질 일이 없다. 참으로 다행스러운 일이다. 지난 일을 모두 기억한다면 살아남을 전문가는 거의 없을 것이기 때문이다.

06 | 미국 어느 노인의 물가상승 체감기
인플레이션과 부동산

내가 아직 어린 소년이었을 때 이야기란다.
어머니가 내게 1달러를 주고 슈퍼에 보내면,
5개의 감자와 2개의 햄, 3병의 우유, 치즈 두 덩어리,
그리고 6개의 달걀을 가지고 집으로 돌아왔단다.

하지만 세월이 흐른 지금은 그렇게 할 수 없지.

인플레이션이 무섭기도 하지만,
CCTV가 너무 많은 것이 그때와 다른 점이라고나 할까.

부동산 가격이 상승하는 데는 여러 가지 이유가 있을 것이다. 공
급 부족부터 수요 증가까지 열거하자면 끝이 없을 정도다. 그 중 대

표적인 것이 '인플레이션' 즉, '화폐가치 하락'이 큰 요인임을 부정할 사람은 없을 것이다. 이와 함께 '저금리'도 무시할 수 없을 것이다. 시중의 자금은 수익을 좇아가기 마련인데 만만한 것이 부동산 투자다.

사두면 오른다는 기대 심리도 강하고 안전성에서는 부동산을 따라올 투자 품목이 없으니, 자금이 몰리는 것은 당연한 것인지도 모른다. 간단한 예로, 과거 짜장면 한 그릇 가격이 50원[4]에서 현재 6,000원만 잡아도 120배 올랐다. 사정이 이러하니 아파트 가격이나 땅값이 100배 내지 200배 오르는 것이 별스러운 일도 아니다. 오히려 자연스러운 현상이다.

> **4)** 자료출처 : 1968년, 경제기획원 협정가격, 서울 600년사.

과거의 부동산 관련법이나 세금 제도는 느슨했던 것이 사실이다. 규제가 약하니 뭉칫돈이 부동산 투기에 쏠리고, 수익에 대하여 거두어들이는 세금은 미미하였다. 당시에는 경제의 폭발적인 성장과 인구의 급격한 증가, 도시 집중, 주택난 등으로 부동산은 눈감고 투자해도 이득을 남기는 시절이었음을 모르는 사람은 없다.

이제는 시대가 변했다는 것을 실감할 것이다. 과거보다 부동산 관련법과 세법이 촘촘하고 규제도 더 튼실하다. 탈법이나 불법을 저지르기가 쉽지 않다는 것이다. 그럼에도 불구하고 부동산 투기가 사라졌다는 말을 들어본 적이 없다. 결국, 시대는 달라졌고 규제는 강해졌지만, 부동산으로 이익을 내기 때문에 미련을 못 버린다는 말이 자연스럽다.

미래의 집값에 대한 예상은 '오를 가능성이 있다.'로 정리된다. 물론 인기 지역을 중심으로 말이다. 앞서 말한 인플레이션을 필두로 새집에 대한 욕구, 도시집중, 직주근접, 우수한 학군, 편리한 교통 등에 대한 수요를 보면 그렇다. 그리고 투자수요까지 더하면 집값 하락을 섣불리 점치는 것은 위험하다고 본다.

요즘은 어디를 가나 CCTV가 설치되어 있어 범죄 예방에 많은 도움이 되는 듯하다. 이와 마찬가지로 부동산 거래에 대해 들여다보는 눈이 많아졌다. 탈세하거나 위법행위를 하기가 점점 어려워지는 시기가 되었다. 다운 계약이나 업 계약 등의 관행도 거의 없어졌다. 취득세를 낮추어 신고하고, 양도소득세 한푼 없이 부동산을 거래하던 시기는 지났다. 그만큼 우리 사회가 투명해졌다는 말이고 그렇게 나아가야 올바르다.

07 | 해외 출장 간 남편
예측대로 되지 않는 투자

어떤 부인이 눈 주위가 밤탱이처럼 돼서 의사를 찾아왔다.

"아니, 누가 그랬습니까? 상태가 심각하군요!"

"남편이요."

"예? 남편은 해외 출장 가서, 다음 주에 온다고 하셨잖아요?"

"저도 그렇게 생각했거든요!"

세상살이가 자신의 예측대로 되지 않는다는 것을 모르는 사람은 없을 것이다. 그런데 막상 부동산이든 주식이든 어떤 종목에 투자하게 되면 이야기가 달라진다. 자신이 투자한 것은 어떠한 일이 있어도 반드시 오를 것이라는 '근거 없는 확신'을 가지고 있다. 개인적으로 기대하는 것에 뭐라 할 말은 없지만 지나치면 크게 망한다.

투자의 세계는 냉혹하다. 어느 날 갑자기 폭탄을 맞을 수도 있다. 예측 불가한 것, 그것이 투자다. 가끔 뉴스에서 주식의 '시가 총액 몇백조 원이 하루 만에 증발했다.' 라는 소식을 듣기도 하는데, 총액을 측정하기 힘든 부동산 시장에서는 더 큰 액수가 증발할 수도 있을 것이다. 이때 개인이 손해 보는 금액은 거대한 시장에서 먼지에 불과할 따름이다.

보통 사람들의 부동산 투자는 대개 주거용 아파트나 빌라, 오피스텔이다. 그런데 주거용 부동산은 정책의 영향을 많이 받는다는 약점이 있다. 승승장구하던 주택가격이 어느 날 갑자기 규제 폭탄을 맞아 급락하는 때가 있다. 물론 반대의 경우도 있다. 허구한 날 아무도 관심을 두지 않던 부동산으로 별안간 팔자를 고칠 수도 있다.

최근 법인에 대한 규제 역시 마찬가지다. 과거에는 절세와 대출, 명의 등에 있어 개인보다 유리한 점이 많았다. 그러나 법이 바뀌었다. 투자 환경도 바뀌었다. 물론 법인에 대한 규제가 시간이 흐르면 완화될 여지도 있을 것이고, 다른 세무 관련법도 변경될 수 있다. 부동산 시장은 살아있는 생물과 같기 때문이다.

부동산 가격이 마냥 올라가는 것만은 아니라는 점, 마냥 떨어지는 것만도 아니라는 점을 상기해 보자. 그 시기를 예측하기 어렵다는 것이 문제겠지만 말이다. 부동산 경기나 일반 경제 상황이 나빠져 정부에서 활성화 대책을 내놓을 수도 있다. 과거를 돌아보면 기억이 날 것이다. 시장은 죽었다가 살아나기도 하고, 살았다가 죽기도 한다. 생명이 없는 듯 잠잠하다가, 힘을 받으면 펄떡펄떡 요동치는 것이 부동산 시장 아닌가.

08 | 동생 만들기
아이, 학생, 청년층이 줄어든다

엄마와 아들 사이의 대화가 아주 진지하다

5살 때
"엄마가, 동생 낳으면 어떠니?"
"좋아요, 남동생! 말타기 같이할 거야."

9살 때
"엄마가, 동생 낳으면 어떠니?"
"좋아요, 여동생! 설거지 대신 하라고 해요."

16살 때
"엄마가, 동생 낳으면 어떠니?"

"엄마도 참! 무슨 소리예요? 나 애 못 키워요."

데이비드 콜먼(David Coleman) 옥스퍼드대 교수는 저출산으로 인한 '인구 소멸 국가 1호'가 대한민국이 될 것이라는 충격적인 발표를 하였다. 실제로 출산율 하락을 이대로 방치한다면 2100년 한국의 인구는 지금의 절반도 안 되는 2천만 명으로 줄어들고, 2300년이 되면 사실상 소멸 단계에 들어가게 될 것이다.

미국 중앙정보국(CIA)의 월드 팩트북을 보면 한국의 합계 출산율은 1.25명으로, 224개국 가운데 세계 최하위권인 220위다. 그런데 이렇게 심각한 최악의 출산율을 기록하고도 우리나라처럼 아무런 위기의식도, 대책도 없는 나라는 정말 흔치 않다.

[출처 : 박종훈의 대담한 경제]

위의 소식을 접하면서 저출산은 보통 심각한 문제가 아니라는 점을 느낀다. 국가적으로나 사회 · 경제적으로도 엄청난 영향을 끼치게 될 것이다. 부동산에 관련된 사안도 예외가 아닐 것이다. 부동산의 미래를 점칠 때 인구는 큰 비중을 차지한다. 저출산이 계속된다면 아이가 줄고, 학생이 줄고, 청년층이 준다. 당연히 주택을 비롯한 부동산의 수요도 줄고, 가격은 지속해서 하락할 것으로 예상된다.

부동산뿐만 아니라 전반적으로 경제에 활력이 떨어질 것이다. 경제에 활기가 없고 부동산에 대한 수요가 없는데 가격이 상승한다는 것은 생각하기 어렵다. 이때가 되면 '부동산 투기'라든지 '집값 폭등'과 같은 뉴스는 흘러간 옛이야기가 될지도 모른다. 부동산 투자자에게 인구 감소 문제는 생각보다 빠르게 다가올 수 있는 변수라고 생각된다. 참고로, 2020년 8월 통계청 발표에 따르면 2019년 합계 출산율은 0.92명을 기록했다.

09 한자 시험
모든 투자자가 성공하는 것은 아니다

한자(漢子) 시험이 끝나자마자 아이들이 답을 맞추고 있었다.

모두 입을 모아 마지막 주관식 문제가 제일 어려웠다고 했다.

'우정이 돈독한 친구 사이를 사자성어로 쓰시오.' 가 마지막 문제였다.

각자 '죽마고우', '막역지우', '관포지교' 등의 답을 적었다고 했다.

하지만 뒤에 앉은 철수는 말없이 조용히 있었다.

답을 이렇게 적었기 때문이었다.

'*랄친구'

부동산 투자를 직접 해 보면 쉬운 일이 아니라는 것을 알게 된다.

뉴스를 접하거나 옆에서 누가 하는 얘기를 들어 보면 별일 아닌 듯 보이는데 막상 해 보면 어렵다. 눈 감고도 합격한다는 운전면허 필기시험일지라도, 거저 합격하는 것이 아닌 것과 마찬가지다. 투자를 하려고 몇 개월 몇 년을 공부해도 막막하고 두렵기는 마찬가지일 것이다. 그래서 때로는 공동 투자도 하겠지만 말이다.

투자는 각자의 판단에 따르는 것이기도 하고, 성공과 실패의 결과는 고스란히 본인이 떠안을 수밖에 없다. 지인이나 친척이 "어디어디에 투자해서 돈을 벌었다더라." 또는 "어떤 물건을 사서 이익을 많이 남겼다더라."라는 말을 들으면 마음이 조급해진다. 자신도 얼른 투자해서 돈을 벌고 싶기 때문이다. 사람이라면 당연한 마음이리라. 주변을 의식하지 않는 것도 지켜야 할 원칙 중 하나다. 남을 의식하면 뭔가 보여주기 위해 무리를 하게 되어있다.

필자가 경매 투자를 하던 때가 생각이 난다. 스터디 그룹을 결성해서 권리분석이나 물건분석도 같이하고, 답사를 함께 하기도 했다. 간혹 공동 투자를 하기도 했지만, 낙찰은 각자 받고 명도나 부수적인 일을 협업하는 형태로 꾸려갔다. 그러한 과정에서 먼저 낙찰에 성공하는 사람도 나오고, 낙찰받은 물건을 매도해서 수익을 실현하는 사람들도 나왔다. 자연스러운 현상이지만 이를 지켜만

보던 필자는 은근히 다급해지기 시작했다.

'나도 성공해서 자랑도 하고 싶고 한턱 쏘고 싶다.' 라는 생각이 저절로 들었다. 주변에서 아직 성적을 올리지 못한 다른 사람들도 같은 마음이었으리라. 결국, 입찰에 임해서도 신경이 쓰여 입찰가를 높이게 되고, 1등을 하려는 욕심이 앞서게 되는 경험을 했다.

함께 스터디 모임을 하던 멤버들이 조용히 사라지는 것도 지켜보았다. 들리는 소문에 의하면 낙찰받은 물건에 하자가 생겨 손해를 보았다느니, 명도가 제대로 안 되어 골치를 썩이고 있다느니 여러 이야기가 돌았다. 손해를 본 사람들은 말이 없다. 감추기 바쁘다. 실패하면 창피하기도 하고 자금이 부족하니 다른 물건에 투자하기도 버거워, 경매 시장에서 자취를 감추는 것이리라.

부동산 경매 시장의 속설에 의하면, 교육을 100명이 받으면 실제 입찰하고 투자하는 사람은 10분의 1로 줄어들고, 지속해서 남아있는 사람은 다시 10분의 1로 쪼그라든다고 한다. 남들이 경매로 돈을 벌었다고 하니 경매 시장에 뛰어들고, 토지로 벌었다고 하니 토지 시장에 뛰어드는 것을 말릴 수는 없다. 다만 모두가 성공하는 것은 아니라는 기본 전제를 가지고 참여해야 실망이 적다.

매수한 부동산이 올랐다고 무조건 좋아할 일만도 아니다. 수익을 실현해야 진정한 성공이다. 올랐어도 막상 팔 때 시세가 하락하거나, 양도소득세 등을 제하고 나면 실제로 손에 쥐는 것은 줄어든다. 남들이 돈을 벌었다고 나도 무작정 뛰어드는 것은 위험하다. 성공했다는 사람들도 있겠지만 더 많은 사람이 투자에 실패하고 소리 없이 사라졌을지도 모른다. 떠난 자는 말이 없기 때문이다.

10 | 유통기한 상가의 미래

주부 한 명이 생선 가게에서 싱싱한 생선을 고르고 있었다.

조기 한 마리를 손에 들고 냄새를 맡자,

생선 가게 주인이 목소리를 높였다.

"왜 멀쩡한 생선을 가지고 냄새를 맡고 야단이오?"

"냄새를 맡는 것이 아니라 귓속말로 바다 소식을 좀 물어봤소."

"그래 조기가 뭐라고 말합니까?"

"바다를 떠난 지 벌써 1주일이 넘어서 최근 소식은 알 수 없답니다."

장사하는 가게를 상가 또는 점포라고 부른다. 사람마다 부르는 명칭이 달라서 통일된 명칭은 없다. 상가건물 임대차보호법은 영업하는 임차인의 권리금과 영업 기간을 보장해주는 것이 핵심이라고 할 수 있겠다. 법이 모든 것을 해결해 주는 것은 아니지만, 일정 부분 안정적인 환경을 만들어 주었다고 생각된다.

그런데 정작 중요한 것이 장사가 잘되어야 하는 것 아닌가. 최근의 프랜차이즈를 보면 장사 경험이 없는 초보자가 쉽게 뛰어들었다가는 성공하기 어려운 구조가 아닌가 우려스럽다. 가장 많은 브랜드가 난립하고 있다는 '치킨집'을 비롯해서, 커피숍, 호프, 이자카야, 카페 등 업종과 종류가 다양하다. 주변을 둘러보면 한창 유행하다 없어진 가게 자리에 새로운 업종이 들어서는 것을 보았을 것이다.

반짝인기를 끌다 단기간에 사라지는 '유행 업종'도 있다. 찜닭이나 카스텔라 등 무서운 기세로 확장하던 점포가 어느 순간 사라지는 것 말이다. 꾸준한 인기와 장기적인 성장세로 '트렌드5) 업종'이 되어야 하는데, 말과 같이 쉽지는 않아 보인다. 부동산 투자에서도 유행 상품이 있다. 과거의 '전원주택', '테마 상가'부터 최근의 '관리형 호텔'이나 '생활형 숙박시설' 등 틈새시장을 공략한 상품 등이 있다.

5) 경제변동 중에서 장기간에 걸친 성장·정체·후퇴 등 변동 경향을 나타내는 움직임. 두산백과 참조.

최근에는 온라인 쇼핑몰의 발달로 오프라인 매장이 감소하는 추세다. 부동산 투자자로서는 그다지 반갑지만은 않은 소식이다. 상가는 장사가 잘되어야 임대수익이 높아지고, 매매 가격도 높아진다는 것은 상식이다. 온라인이 발달할수록 오프라인 상가는 힘을 잃을 것이 뻔하다. 특히 불경기와 겹치면 B급 이하 상권은 더욱 타격을 받는다는 기본은 잊지 말아야 한다.

11 | 깨알 노하우
투자의 안테나 아파트 분양권

　우리나라에서 아파트는 조금 특별하다. 부동산이어서 투자 대상의 안전성은 걱정 없는데 수익성도 높다. 부동산의 최대 약점인 환금성마저 극복하여 천하무적이다. 웬만한 아파트는 현금화하기도 쉽다. 여기에 대적할만한 투자 대상이 없어 보인다. 덧붙여, 거주의 목적까지 달성하니 그야말로 이만한 효자가 없다.

　그래서 아파트는 투자 대상으로, 거주의 대상으로써 수요가 많다. 인기 지역은 늘 공급부족이고 수요는 넘쳐난다. 사정이 이러하니 완공되기 전 상태인 '분양권'의 인기도 하늘을 찌른다. 정부에서도 시장 상황에 맞게 아파트 분양권에 개입하지 않을 수 없는 것이다.

아래 표는 분양권 전매 제한과 이와 관련된 규제를 나열한 것이다. 차근차근 살펴보도록 하자.

〈표 : 분양권 전매 제한 및 관련 규제〉

①	전매 제한			
②	상동	전매 금지		
③	상동	상동	등기 후 거래제한	
④	상동	상동	상동	거주의무기간 추가 (공공 분양)
내용	6개월~2년	이전 등기 후 매매 가능	등기 후 일정기간 (1~7년)	수분양자 거주해야 함(1~5년)

① 분양권 전매 제한 기간만 있는 경우

분양권 전매에 제한이 없을 경우 투자자나 투기꾼이 몰려, 가격이 상승하거나 일시적인 급등이 나타나는데 이를 막기 위함이다. 6개월부터 2년 정도 기간을 정해 분양권 상태에서 거래를 금지한다. 분양권 보유 기간에 따라 차등 과세를 하여 단기 매매를 막는 세무적 장치도 있다.

② 전매 제한 금지

분양권 상태에서는 거래를 못 하도록 하는 것이다. 즉 건물이 완공되고 수분양자에게 소유권 이전 등기가 끝난 이후 매매가 가능하다. 분양권 상태에서 팔지 못하니 투자수요가 많이 줄어든다. 또한, 소유권 이전 등기를 할 때 취득세를 납부해야 하고, 등기 후 단기간에 매도할 경우 양도소득세에 대한 부담이 높아 팔기가 여의치 않다.

③ 전매 제한 금지 + 등기 후 일정 기간 매매 금지

분양권 상태에서 거래를 못 하고, 등기 후 즉시 매매도 못 하고, 추가로 일정 기간(1~7년) 지나야 거래가 가능하다. 거래 제한이 길수록 당시 부동산 시장이 활황세였음을 보여준다. 등기 후 7년이라 함은, 분양 계약 때까지 합하면 10년간 매매를 못 한다는 말이다. 단, 임대차는 가능하다. 전세나 월세는 줄 수 있다는 말이다. 개인의 재산권을 지나치게 제약한다는 비판이 높다. 그래서 시간이 흐르면 대개 기간을 줄여준다.

④ 전매 제한 금지 + 등기 후 일정 기간 매매 금지 + 거주의무기간

분양권 상태에서 거래를 못 하고, 등기 후 즉시 매매도 못 하고, 추가로 일정 기간(1~7년) 지나야 거래가 가능한데, 하나 더 의무적으로 거주까지 해야 하는 조건이 붙는다. 제약이 엄청나다. 이유는 공공택지라서 싸게 분양했기 때문에 일정한 의무도 덧붙이는 것이다. 민간택지까지 거주의무기간을 부과하는 것은 과하다고 하여

비판론이 우세하다. 거주의무기간에는 임대를 할 수도 없다.

이상 분양권에 대한 규제를 살펴보았다. 만약 한 가지 더 추가한 다면 민간 분양에 대해서도 거주의무기간을 부과할 수 있다. 분양권 규제의 끝판왕이라고 할 수 있는 5단계이다. 분양권에 대해서 5단계까지 간다면, 한동안 전체 부동산 시장은 침체기를 맞이할 가능성이 높다.

여기서 힌트를 얻을 수 있다. 5단계 이후는 풀어줄 일만 남았다는 것이다. '달도 차면 기운다.'라는 말이 있다. 자본주의 국가에서 개인의 재산권을 제한하는 데에는 한계가 있다. 이제는 침체기 이후를 봐야 할 때이다. 분양권에 대하여 '거주의무기간 단축'이나 '전매(매매)제한기간 단축' 뉴스가 흘러나오면 부동산 규제가 풀리기 시작하는 신호탄으로 해석해도 무방하다. 시그널을 잘 포착하자.

정책과 시장의 반응을 지켜보면
어느 정도 예측은 할 수 있다는 것이다. 진정책에는 바짝 몸을 낮추고
부양책에는 투자처를 물색하는 것이 투자자의 태도다.

Chapter

02

영원한 맞수,
정책과 시장

01 | 여왕의 재치
정책에 맞서지 마라, 소나기는 피해 가라

독일군의 폭격으로 버킹엄 궁이 무너졌다.

걱정하고 있는 시민들에게 엘리자베스 여왕은 이렇게 말했다.

"시민 여러분, 안심하십시오. 나쁘지 않은 일입니다."

시민들이 의아해하고 있을 때, 여왕이 다시 말을 이어갔다.

"독일의 폭격 덕분에 그동안 왕실과 국민 사이를

가로막고 있던 벽이 사라져 버렸습니다."

정부 정책은 부동산 시장에 절대적인 영향력을 미친다. 즉, 부동산과 정책은 떼려야 뗄 수 없는 한 몸이다. 부동산 관련 대책 중 특히 '주택 정책'은 늘 국민적 관심사다. 실생활과 직결된 주거 문제는 생존 문제이면서 재산권이 걸린 최대의 이슈다. 또한 정권의 운명을 좌우하는 '표'와 연결되는 정치문제이기도 하다.

부동산 가격이 상승하기 시작하면 각종 안정 대책을 발표하고, 폭등하면 관계기관을 총동원하여 진정책을 내놓는다. 여기에 수단과 방법을 가리지 않는다. 이때 등장하는 것이 '세금 폭탄'과 '규제 폭탄'이다. 폭탄이 사정없이 떨어지는 시기에는 바짝 엎드리는 것이 상책이다. 섣불리 나섰다가 한 방에 갈 수도 있다. 그래서 '정책에 맞서지 마라.' 또는 '소나기는 피해가라.' 라는 말이 생겼는지도 모르겠다.

그런데 정부의 정책이 반드시 규제책만 있는 것은 아니다. 지난 과거를 뒤돌아보면 규제책과 완화책이 정권에 따라 다르게 발표되었다. 예상하듯이 진보정권이 규제책만을 보수정권은 완화책만을 시행한 것은 아니다. 각각의 정권은 이념보다 경기상황에 맞는 부동산 정책을 시행하기도 하고 수정하기도 하였다.

다만 진보정권의 규제책 비중이 더 높은 편이다. 이는 규제책을 시행하고 싶어서 시행했다기보다는 부동산 가격이 오르니 그에 맞추어 정책을 펼쳤다고 보는 편이 맞다. 또한, 보수정권의 완화책 비중이 높은 것도 마찬가지다. 부동산 가격이 하락하니 그에 맞추어 부양책을 펼쳤다고 보는 편이 합리적이다.

웃기는 것은 이전의 진보정권에서 시행한 규제책이 본격적으로 효과를 발휘하는 시점이 보수정권이 집권한 시기라는 점이다. 반대로 보수정권에서 시행한 부양책이 본격적으로 효과를 발휘하는 시점이 진보정권이 집권한 시기다. 부동산 대책이 즉각적으로 효력을 발휘하는 수도 있지만, 사안에 따라서는 몇 년 혹은 10년 이상 시간이 걸릴 수도 있기 때문이다. 그래서 집권 세력의 의도와 부동산 시장의 흐름은 타이밍을 제대로 못 맞추는 듯한 모양새를 보였다.

부동산 대책이라 함은 우선적으로 투기를 잡는 규제 대책을 연상하게 되는데 반대의 경우도 잊어서는 안 된다. 즉, 부동산 부양책이다. 규제 대책이 힘을 발휘하든 다른 외부 여건이 변하든 부동산 경기가 침체되면 마냥 바라만 볼 수 없을 것이다. 규제 대책과는 정반대의 완화책과 각종 부양책이 필요한 시점이다. 어제의 선이 오늘은 악이 되고, 어제의 악이 오늘은 선이 된다.

정책당국이 규제 폭탄이든 완화 폭탄이든 터뜨리는 것은, 국가 경제를 잘 돌아가게 하려는 의도 아니겠는가. 진보는 보수를 욕하고 보수는 진보를 욕하는 흑백논리로 덤벼서 해결될 일은 없다. 서로 비판을 위한 비판만 해서는 될 일도 안 된다. 오히려 부동산에 대한 진정책이든 부양책이든 나오면, 정부와 국민 사이의 벽을 허물고 정책의 성공을 빌어주어야 하지 않을까. 언론의 역할이 특히 중요하다고 본다.

02 | 마취당한 남편
정책의 약발은 언제까지일까?

어떤 남자가 병원에서 건강 검진을 받은 후 마취에서 깨어났다.

그의 옆에는 부인이 앉아 간호하고 있었다.

눈을 뜨면서 떨리는 목소리로 그가 중얼거렸다.

"당신 정말 아름답구려."

아내는 기분이 좋아져서 남편이 잠들 때까지 계속 정성을 쏟았다.

시간이 지나고 다시 잠에서 깨어난 남편이 말했다.

"당신 화장 좀 해야겠어."

부인은 놀라서 남편에게 물었다.

"아까는 아름답다고 하더니 말이 다르네요?"

남편이 답했다.

"약 기운이 떨어지고 있소."

정부에서는 부동산 경기가 과열 양상을 보이면 진정시키는 대책을, 냉각되면 부양책을 발표한다. 매번 반복되는 일이지만 진정책에는 수요 억제와 공급 확대가 주요 내용이다. 수요 면에서는 돈줄을 조이고 세금을 올리는 것이 골자이고, 공급 면에서는 택지공급이나 신도시 개발이 단골 메뉴다. 부양책은 진정책과 반대로 돈줄도 풀고 세금도 낮추며 신규 수요를 늘리는 방향으로 전개가 된다.

어떤 방법을 쓰든 약효가 제대로 먹히느냐가 관건이다. 사안에 따라 '원포인트' 대책이 나올 수 있고, 전체를 아우르는 '종합 대책'이 발표될 수도 있다. 그런데 거기에 따른 약발이 먹히는 시기가 오래가지 않는다는 점이 문제다. 대책이 발표되면 짧게는 1~2개월부터 길게는 6개월 혹은 1년이 갈 수도 있을 것이다. 어떠한 대책이 나오든 약 기운에는 한계가 있어 '영원한 대책'은 없다고 봐도 틀리지 않는다.

부동산 대책 중 특히 규제 대책을 발표하면 이에 따라 붙는 것이 있다. '시장을 이기는 정책은 없다.'라는 말이다. 바꾸어 말하면 '시장에 맡겨라.'라고 주장한다. 시장주의라고 포장하여 만병통치약처럼 효과가 있을 듯이 이야기하는데 동의하기 어렵다. '정부는 아무런 일도 하지 말고 구경만 해라.'라는 말과 차이가 없다.

결론부터 말하면 시장에 맡기면 결과가 뻔하다. 돈 많은 자가 무조건 독식하게 되어 있다. 아무런 경계와 장벽도 없으면 무조건 돈이 이기게 되어 있는 것이 자본주의 생리다. 유치원생과 대학생의 농구 경기에 아무런 제약이 없다면, 키 크고 덩치 큰 대학생이 무조건 이길 것이라고 예상되지 않는가.

이러한 논리라면 부양책을 절대 써서는 안 된다. 정부가 끼어들어 아무리 띄워봐야 시장을 이길 수 없으니 '죽은 시장을 살릴 수 없다.'라는 말과 같기 때문이다. 활황기 때 정부가 개입해서 찬물을 끼얹지 않아도 자동으로 시장이 알아서 한다고 했다. 그렇다면 침체기 때 정부가 개입해서 불을 지피지 않아도 자동으로 시장이 알아서 할 것 아닌가.

03 점수 하락의 정확한 원인
정책이 먼저냐, 시장이 먼저냐

성적표를 받았다 하면 0점이 즐비한 달수.

그날도 거의 0점인 성적표를 본 아버지는 작심하고 달수에게 한마디 했다.

"빵점이잖아! 그래 무슨 핑계를 댈 작정이냐?"

고개를 숙이고 대답을 못 하는 달수를 보면서 더욱 울화통이 치민 아버지.

"잘못했으니 당연히 할 말이 없겠지? 당장 회초리 가져와!"

그러자 고개를 갸우뚱거리며 달수가 대답했다.

"아까부터 생각하고 있었는데요. 아직 결론을 못 얻었어요. 유전인지, 아니면 가정환경 때문인지…."

부동산에 관심이 있든 없든 '정책에 맞서지 마라.' 와 '시장을 이기는 정책은 없다.'는 말을 귀가 따갑도록 들어보았을 것이다. 서로 반대되는 말에 가깝지만 두 가지가 동시에 쓰이는 때도 많다. 개인이 정책에 맞서다가는 자칫 '사마귀가 마차에 덤비는 꼴'이 되어 산산조각이 날 가능성이 높다. 그래서 정책이 쏟아질 때는 '지켜보는 것'도 탁월한 선택이 될 수 있다.

한편 거대하고 복잡한 시장의 기능은 정책이 나온다고 하더라도 무용지물로 만들 수 있다. 마치 '맹수 떼에게 고기 한 점 던져 주듯' 대책이 나와도 힘을 못 쓰는 꼴이다. 대책이 나오는 족족 무력화시키는 시장의 힘에는 당국도 묘안이 없다. 그런데 자세히 보면 '닭이 먼저냐, 알이 먼저냐.'와 같이 우선순위를 따지는 것이 무의미하다.

가. 시장에서 부동산이 오르니 안정시킬 필요가 있어 '진정책'이 나오고

나. 대책이 나오니 시장이 반응해서 '안정세'를 보이고

다. 안정세를 보이다 침체 양상을 보이니 '띄우는 대책'이 나오고

라. 띄우는 대책에 반응하여 시장이 '과열 양상'을 보이고

마. 과열 양상을 보이니 '식히는 대책'이 나오고

바. 너무 식어 시장이 얼어붙으니 '살리는 대책'이 나오고…

그래서 정책과 시장의 반응을 지켜보면 어느 정도 예측은 할 수 있다는 것이다. 진정책에는 바짝 몸을 낮추고 부양책에는 투자처를 물색하는 것이 투자자의 태도다. 정책의 힘이 떨어져 시장이 우세한 듯한 모습을 보이거나, 시장의 에너지가 약해 정책이 효과를 발휘하는 모습을 보면서 투자에 대한 계획과 결정을 한다. 정책과 시장에 대한 분석은 투자 성적표에 직접적인 영향을 끼치기 때문이다.

04 | 부부 사이의 믿음
정책의 일관성

서로를 잘 믿지 못하고 의심하는 부부가 있었다.

어느 날 남편이 지방 출장을 가면서 말했다.

"1주일 걸리는데 나 없는 사이에 딴생각하기 없기다!"

그러자 부인이 뒤따라 나오면서 한마디 했다.

"그 대신 갑자기 일찍 귀가하는 것도 없기다!"

정책을 세우고 집행하는 입장에서는 일관성이 중요하다고 말한다. 정권이 바뀌거나 담당자가 교체되면 이전의 정책이 폐기되거나 무력화되는 경우가 종종 있다. 이러한 일이 반복되면 정책은 제대로 효과를 발휘할 수 없을 것이다. 그런데 부동산 정책을 수십 년 동안 일관되게 유지하는 것은 사실상 불가능하다고 본다. 과거에도 그랬고 앞으로도 그럴 것으로 예상한다.

정권을 계속 잡는다는 보장이 없고, 오히려 정권은 몇 년에 한 번씩 바뀐다. 진보정권과 보수정권은 이념부터 달라 이전 정권의 정책을 승계해서 시행하는 것을 기대하는 것이 어렵다. 또한, 경제 상황이 변하고 주변 여건이 변하는데 '정책의 일관성'을 유지한답시고 밀어붙이기도 쉽지 않은 일이다. 정책의 일관성이 유지된다고 하여도 반드시 제대로 효과를 발휘한다고는 단언할 수 없기 때문이다.

지금까지 나온 주요 대책 몇 가지만 살펴봐도 알 수 있다. 청약제도는 내용이 너무 자주 바뀌어 전문가도 실수하기 쉽고, 양도소득세는 전문 세무사까지 헷갈릴 정도라고 하니 말 다했다. 재건축이나 재개발도 규제와 완화를 반복한다. 대출에 대한 규제도 비슷한 패턴을 보였다.

부동산 대책을 바라보는 여론의 시각도 변한다. 누구는 비판적으로 누구는 우호적으로, 시기와 사정에 따라 뒤섞인 목소리가 나오기도 한다. 언론의 비판 역시 만만치 않다. 시장 상황에 맞게 대응하는 것을 '대증 요법'이라거나 효과가 일시적인 '미봉책'이라고 비판한다. 시장에 맡겨두면 대응을 안 한다고 난리고, 늦으면 너무 늦게 대응한다고 야단이다. 어쩌란 말인가.

정부의 부동산 대책이 '규제 일변도'일 때가 있다. 그런데 부동산 투자자들 사이에서는 이런 말이 무색하게 돈 될 만한 물건이나 지역을 귀신같이 알고 찾아다닌다. 풍선효과가 나타나는 지역이 대표적이고, 수도권을 넘어 지방까지 손을 뻗친 것은 놀랄 일도 아니다. 부동산 침체기에서도 투자자는 수익을 낼 만한 곳을 찾아다닐 것은 자명하다. 말릴 수도 없다.

'토지 공개념'에 대한 논의가 물밑에서 진행된다는 소문도 있다. 이른바 '임대차 3법'이 통과되면서 세입자에 대한 보호 장치가 강화되었다. 여기에 따른 부작용도 있지만 추후 되돌리기는 어려울 듯하다. 한편으로는 의원입법 형태로 '종부세 완화'나 '세금 완화'에 대한 법률을 만들려는 움직임도 있기는 하다. 어느 쪽을 지지하고 성원을 보낼지 각자 생각해 보자.

05 | 마음에 드는 사람
선거와 정치인, 그리고 부동산 정책

부정선거 의혹과 관련된 조사를 받기 위해 한 남자가 불려왔다.

"당신, 돈을 받고 표를 찍어 주었지요?" 하고 검사가 물었다.

"천만에요. 난 그 사람이 마음에 들어서 찍어줬을 뿐이라고요." 라고 남자는 대답했다.

"그 사람으로부터 100만 원을 받았다는 확실한 증거가 있어요!" 검사가 말했다.

"글쎄올시다." 남자는 잠시 생각하다가 당당하게 말했다.

"누가 나에게 100만 원을 준다면, 그 사람이 마음에 드는 게 뻔한 이치 아닌가요?"

부동산 시장을 가장 크게 좌우하는 것은 정책이라고 본다. 그런데 그 정책을 세우는 것이 정부와 집권 여당 아닌가. 그 정부를 구성하는 선출직 공무원을 뽑는 것이 선거다. 즉 부동산은 정치다. 그런데 투표에 참여하는 우리나라 사람들은 지역이나 이념에 맞게 정당이나 인물을 고르는 경향이 강한 것 같다. 이익집단의 입맛에 맞거나 어느 특정한 이슈를 가지고 후보자를 선출하는 경우는 많지 않아 보인다.

예컨대, 부동산 가격이 오르는 것을 기대하고 보수 정당을 찍어주지는 않는다. 지역, 이념, 인물이 선택의 우선 기준일 확률이 높기 때문이다. 같은 이유로 부동산 가격을 잡으라는 꿈을 안고 진보 정당을 찍어주지는 않는다. 부동산 문제 하나만 가지고 선거의 향방이 좌우되는 것이 아니다. 그때그때 상황에 따른 변수가 워낙 많기 때문이기도 하다.

어쨌든 정치와 경제 등 모든 것을 좌우하는 대통령을 잘 뽑아야 하는 것이 우선이겠고, 각종 법안을 만드는 국회의원도 잘 선택해야 한다. 정책의 실행을 담당하는 광역단체장과 지방의회 의원도 잘 선출해야 한다. 정책의 세부적이고 최종적인 집행은 대부분 시 · 군 · 구에 위임하고 있는 현실과 지방자치의 중요성이 주목받는 요즘 지자체의 중요성을 간과해서는 안 된다.

정부와 여당은 정책과 이에 호응하는 법률을 내놓는다. 국회의원들은 의원 입법의 형태로 정책을 제시하기도 한다. 때로는 여당과 야당의 법률이 충돌하는 양상도 보인다. 이를 곱지 않은 시선으로 보는 이들이 있는데, 사안에 따라 구별을 하는 눈도 필요하다고 본다. 부동산을 포함해서 사회적인 이슈에 대해 다양한 견해 차이와 시각을 보여주는 곳이 국회다. 의견 충돌은 피할 수 없다.

또한, 부동산 관련 정책이나 법률에 대해서 개개인이 직접 의견을 내는 것도 가능하기는 하다. 잘 알다시피 '청와대 국민청원 게시판'을 비롯해서 정부 각 부처와 지자체에 민원을 제기하는 방법 등으로 적극 의견을 표출하는 사람들도 많다. 개인적인 주장은 힘을 발휘하기 어려우니 결국은 '정치인'에게 맡기는 편이 좋을 것이다. 선거가 그래서 중요하다는 말이다. 간혹 1표로 당락이 결정되는 경우가 나오고, 불과 몇십 표 차이로 승패가 갈리는 경우도 종종 등장하니 투표는 꼭 참여하고 볼 일이다.

06 | 금연 결심
정책의 효과

가장이 새해 금연을 결심하고 가족들에게 알렸다.

며칠 후, 아내가 방에 들어갔는데 남편이 담배를 피우고 있었다.

아내는 화가 나서 말했다.

"당신, 올해부터 금연하기로 했잖아."

당황한 남편이 말했다.

"깜빡 잊어버렸네."

"그런 걸 잊으면 안 되지."

그러자 남편이 대답했다.

"그게 아니고 방문 잠그는 걸 깜빡 잊었다고."

새해가 되면 실생활과 관련되어 바뀌는 제도부터, 그해의 경제 전반에 대한 예측이 발표되기도 한다. 같은 소식을 대하는 투자자의 생각과 정책을 입안하는 당국자의 생각은 다르다. 정책 당국자는 집값이 안정되기를 희망하고, 완만하게 오르락내리락 하는 것까지는 감내할 수 있지만, 폭등이나 폭락을 가장 두려워한다. 투자자는 집값이 오르기를 염원하고, 틈새를 노려 투자처가 어디고 절세할 방법은 어떤 것이 있는지를 연구한다.

정책이나 대책은 사실상 모든 것을 커버할 수 없고 빈틈이 생기기 마련이다. 그 틈을 노리고 기막히게 수익을 좇는 이들이 투자자다. 수도권을 규제하면 지방으로 몰리거나, 재건축을 규제하면 재개발로, 주거용을 규제하면 오피스텔, 상가, 토지로 옮겨간다. 지역과 품목을 가리지 않는다. 그런데 그것을 욕할 바도 아니다. 사람과 자본이 수익을 따라 움직이는 것은 인간의 본성이고 자본주의의 속성이기 때문이다.

정책과 시장의 플레이어인 당국자와 투자자는, 같은 하늘을 이고 같은 땅을 밟고 함께 가고 있다. 그런데 속으로는 서로 딴생각을 하고 있다. 동상이몽이다. 당국자는 투자자를 투기꾼으로 바라보는 시각이 강하고, 규제를 통하여 부동산 가격을 잡아야 할 일을 다 하는 것으로 생각한다. 반면 투자자는 당국자를 훼방꾼으로 바라보는 시각이 강하고, 부동산 가격을 시장의 논리에 맡겨야 한다고 주장한다.

이들은 부동산 가격이 폭락하면 언제 그랬냐는 듯 태도를 바꾼다. 당국자는 부동산 경기가 살아야 나라의 경제가 돌아간다면서, 시장이 제 기능을 다하도록 규제를 철폐해야 한다고 목소리를 높인다. 반면 투자자는 떨어지는 부동산 가격을 막아보려고, 정부가 앞장서서 가격을 떠받쳐야 한다고 부추긴다. 과거의 주장과 다르게 '정부의 적극 개입'을 주문한다.

서로 어제의 주장과 오늘의 주장이 상반된다. 창이 방패가 되고 방패가 창이 된다. 큰 정부가 작은 정부가 되고, 작은 정부가 큰 정부가 된다. 투자자가 투기꾼이 되고, 투기꾼이 투자자가 된다. 아군과 적군이 뒤섞여 뒤죽박죽이다. 과거 자신이 했던 발언을 스스로 뒤집는 망언도 서슴지 않는다. 서로 건망증이 심하다.

07 제대로 된 변장
여론을 형성하는 언론의 역할

인기 절정의 여배우가 병원에 입원했다는 소문이 나자

각종 신문사 연예부에 비상이 걸렸다.

특종을 얻으려던 한 여기자가 간호사로 변장하고 병원으로 잠입
해 들어갔다.

연예부장은 기발한 아이디어에 잔뜩 기대하고 보고를 기다렸다.

다음 날 신문사로 돌아온 여기자에게 연예부장이 물었다.

"그래! 특종은 건졌나?"

머뭇거리며 여기자가 하는 말,

"죄송합니다. 다른 신문사에서 온 의사가 절 내쫓는 바람에…."

부동산 관련 뉴스를 취급하는 언론의 역할은 참으로 중요하다고
생각한다. 일반인들이 부동산에 관한 소식을 접할 수 있는 것은, 방

송사를 비롯하여 주요 일간지 등에 절대적으로 의존하기 때문이다. 그래서 지상파나 중앙 일간지 등은 사회적 책임감을 가지고 공정한 보도를 해야 할 것이다. 그러나 실제로 그러한지는 의문이 남는다.

부동산 소식은 방송사든 신문사든 인기 소재이고 일반인의 관심이 높기 때문에 매일 다루다시피 한다. 방송에서는 영상의 강점을 최대한 이용하여 지역과 물건에 대하여 분석하기도 한다. 물론 신문은 활자매체라는 특성을 이용하여 심층 분석 기사를 내서 독자들의 마음을 파고든다.

일간지인 '조선, 중앙, 동아, 한국'을 비롯하여 경제지인 '매경, 한경' 등 경제신문의 역할은 중요하다. 다른 신문이 분발해 주었으면 하는 바람이 있다. 중앙일간지와 경제신문이 보수적인 논조가 많고, 건설사의 입장을 대변한다는 느낌을 받는다. 한쪽으로 쏠리면 독자들은 제대로 된 판단을 할 수 없을 것이다. 그래서 다른 시각에서 바라보는 기사도 필요하다고 본다.

전문가라는 사람들도 마찬가지다. 건설사의 이익을 대변하거나 투자자의 논리로만 접근하는 경우가 많다. 즉 상승론자가 다수 포진하여 다른 의견은 설 자리가 좁다. 그렇다고 하락론자나 비관론자를 두둔하고 싶지는 않다. '무조건 떨어진다.' 혹은 '무조건 떨어져야 한다.' 라는 주장은 상대적으로 더욱 박탈감을 줄 뿐이다. 그들의 주장은 무주택자를 두 번 죽이는 결과를 가져올 뿐이다.

부동산 시장에 대한 예측은, 때로는 상승으로 때로는 하락 내지 보합으로 경기 상황에 맞게 예측하는 것이 정상이라고 본다. 주야 장천 상승이나 하락만 외치는 것도 피해자를 만드는 꼴이다. 물론 오르면 오른다고 내리면 내린다고 말하기가 쉽지 않을 것이다. 미래를 정확히 예측하기도 쉽지 않고, 예측대로 딱 들어맞는 것도 아니니 말이다. 그러나 '장대 휘두르다 감 하나 떨어지듯' 맞추는 꼴이면 안 된다.

언론이 건설사와 손잡고 '광고성 기사' 를 작성하여 소비자를 현혹하는 것은 어제오늘의 일이 아니다. 또한, 광고주의 입맛에 맞는 기사로 매수를 유도하고, 가격 상승을 부채질하는 것도 반복되는 일이다. 언론이 수많은 피해자를 양산하는 통로가 되는 일은 없어야 한다. 언론의 진정한 역할은 던져버리고 돈벌이에만 혈안이 되어서는 안 된다고 본다. '언론 권력' 이라는 말까지 나오는 판이다. 그 막강한 힘을 약자를 보호하고 사회의 어두운 면을 밝게 하는 데 좀 더 사용하기를 바라는 마음이다.

08 | 일말의 책임을 묻다
관련 없는 중개사무소 급습

지구 온난화 대책 회의가 열렸다.

세계 각국 대표단이 참석한 가운데 사회자가 회의를 시작하려는데 의외의 인물이 앉아 있는 것이 보였다.

"당신은 왜 여기 앉아 있소?"

사회자가 묻자 그 사람이 대답했다.

"글쎄요, 나도 지구 온난화에 책임이 있으니 여기 참석해야 한다고 사람들이 자꾸 등을 떠밀더라고요."

그는 성인잡지 발행인이었다.

부동산 시장이 급등하고 진정될 기미가 보이지 않으면 정부에서는 일단 칼을 빼 든다. 그 길로 즉시 달려가는 곳은 늘 정해져 있다. 바로 '부동산 중개사무소' 이다. 각 방송사마다 카메라와 마이크가

쫓아가는 곳도 이곳이다. 시장 안정에 일시적 효과는 있다. 일명 '단속반'이 들이닥치는 것을 피해 중개사무소가 일제히 문을 닫아 버리면, 자연스럽게 거래가 이루어지지 않기 때문이다. 사고팔려는 당사자들도 단속반이 반갑지 않으니 거래를 피하게 된다.

그렇게 요란을 떨지 않아도 된다. 부동산 매매가 있으면 중개업소에서는 실거래가 신고를 해야 하는데, 건수가 많은 곳이나 이상 거래가 감지된 사안을 조사하면 될 일이다. 방송에서 문 닫힌 중개사무소를 보여주면서 마치 부동산 투기는 중개업소 때문에 생겨나는 것처럼 띄우고, 정부가 책임을 회피해서는 안 된다.

부동산 가격 변동에 대해 정확한 진단을 하고 그에 걸맞은 정확한 처방이 필요할 것이다. 엄포나 놓고 립서비스나 하는 것이 결코 해결책은 아니다. 때로는 의욕이 넘쳐 대책만 하루가 멀다고 내놓는 경우도 있다. 역대 정권의 부동산 대책을 살펴봐도 비슷하다.

물론 일부 부동산 중개업자의 일탈 행위도 있을 것이다. 다만 '보여주기식 단속'보다는 '실질적인 단속'을 하기 바란다. 거래 당사자에 대한 자금출처 조사부터 다운 계약이나 업 계약이 있었는지, 실거주 여부 등을 조사하는 것이 먼저다. 다주택자들의 추가적인 매입을 들여다보는 것 역시 마찬가지다. 근본적이고 핵심적인 포인트는 젖혀두고 변죽만 울리는 것은 아니라고 본다.

말이 나왔으니 하는 말인데 우리나라에서 부동산 투기를 부추기거나 권장하는 책임에서 신문이나 방송이 자유롭다고 할 수 있는가. 언론사를 먹여 살리는 광고주들이 토건업과 직접 관계가 있는 건설사와 시행사가 아닌가. 부동산 중개업소에 들이닥쳐 애꿎은 중개업자를 닦달하듯이, 오히려 언론사나 건설사들을 족치면 훨씬 더 성과를 거둘 텐데 말이다.

어떤 부동산 관련 기사가 나왔을 때 사실관계에 입각하지 않거나 부풀린 내용에 대해서 시정한 것이 대체 몇 건이나 되는가. 건설사들의 허위 과장 광고나 시세조작 등에 대해서도 손을 놓고 있는 것도 아쉽다. 힘없는 중개업소 조사하는 인력의 십 분의 일만 움직여도 백배의 성과를 올릴 수 있을 텐데, 일말의 아쉬움이 남는다.

09 경찰에게 둘러대기
투기를 찾는 사람들

한 남자가 고속도로에서 차를 난폭하게 몰고 있었다.

시속 100㎞에서 막 120㎞로 접어드는 순간,

아니나 다를까 순찰차가 사이렌을 울리며 따라오는 것이었다.

순찰차를 따돌려 보려고 했으나, 여의치 않자 그는 결국 차를 세웠다.

경찰관이 다가와서 물었다.

"당신, 정지 신호를 무시하고 도망간 이유가 뭐요?"

그러자 그가 긴 한숨을 쉬며 말했다.

"제 마누라가 경찰하고 눈이 맞아서 도망을 갔습니다."

"그게 당신이 검문에 불응하고 도망친 것과 무슨 관계가 있소?"

그가 당당하게 대답했다.

"그 경찰관이 제 마누라를 돌려주려고 따라오는 줄 알았습니다."

언제인지 정확히 기억은 나지 않지만, 고위 공무원 청문회에서 있었던 일이 어렴풋이 기억난다. 그 후보자의 논리가 견고하고 치밀했기 때문이다. 질문자가 부동산 투기에 대해 해명을 요구하자 "팔아서 손해를 보았다."라고 답을 했다. 다시 질문자가 "매입한 가격에서 많은 이익을 남겼는데 어째서 손해인가?"라고 되묻자 황당한 답변이 돌아왔다. 이유인즉슨, "팔았는데 더 올랐다. 더 받을 수 있었는데 덜 받아서 손해를 보았다."라는 것이다. 개그맨보다 더 재미있다.

불특정한 사람들을 '투기꾼'이라고 부르는데 누구인지 궁금하다. 부동산 매도인과 매수인을 숱하게 만나온 필자도 본 적이 없다. 그들은 하나같이 자신들을 투자자라고 한다. 즉, 남들을 부를 때는 '투기꾼', 나 자신은 '투자자'라고 부른다고 추정할 수밖에 없다. 긴말할 것 없다. 우리가 모두 투자자이고 투기꾼이다.

예를 하나 들어보자. '투찾사'나 '투사모'를 결성해서 활동한다고 하면 이를 해석하는 사람마다 다를 것이라고 생각된다. 남들을 부를 때는 '투기를 찾는 사람들'이고 '투기를 사랑하는 사람들의 모임'이 될 것이다. 내가 속했을 때는 '투자를 찾는 사람들'이고 '투자를 사랑하는 사람들의 모임'이다.

사람은 누구나 자신을 합리화하는 데는 기막힌 재주가 있다. 일정 부분 논리적으로 맞서다가 논리가 안 되면 무조건 우기려 든다. 때로는 말도 안 되는 궤변을 늘어놓기도 한다. 그러다 힘으로 밀어붙이거나 떼를 쓰기도 한다. 자신의 이익을 지키려는 이기심이 지나쳐 무리한 요구를 하기도 한다. 부동산 시장이나 개발, 보상 등에서 '헌법 위에 떼법'이라는 말이 자주 등장하는 것도 이상한 일은 아니다.

10 | 다이아 반지
강남의 주택 공급

어떤 남편이 부부 동반 모임에서 부인에게 다이아 반지를 생일 선물로 주었다.

여자들이 화장실에 간 사이에 친구가 물었다.

"자네 와이프는 자가용을 원했었잖아?"

"그랬지."

"그런데 왜 비싼 반지를 사줬어?"

그러자 남자가 하는 말,

"생각해 보게. 가짜 자가용을 어디 가서 구하겠나?"

원하는 시기와 장소에 원하는 대로 공급할 수 없는 것이 부동산이다. 건물은 용적률이나 건폐율을 높여 어느 정도 늘릴 수 있겠으나 토지는 불가능하다. 건물 역시 교통이나 환경 등을 고려하여 끝없이 높게 올릴 수도 없다. 말 그대로 필요한 곳으로 움직일 수 없어서 부동산이다. 주택이 부족하면 공급 대책으로 여러 가지 의견이 제시된다. 도심의 고밀도 개발이 하나의 대안이 될 수 있다. 그러나 그것도 한계가 있다.

강남에 주택을 공급할 수 없으니, 대안으로 강남과 가까운 곳에 공급하기도 하고 때로는 신도시를 조성해서 공급하기도 한다. 그러나 몇몇 신도시는 엉뚱하게도 강남의 수요를 맞추기에는 거리가 멀다. 실측 거리도 멀고 심리적인 거리도 멀다. 강남에 필요한 주택을 공급할 방법은 재건축밖에 없다는 논리가 성립된다. 틀린 말은 아니다.

그러나 강남 재건축을 풀어주면 실수요부터 투기수요까지 따라붙어 가격이 폭등할 것이 자명하다. 주변 지역도 따라 오를 것이다. 그래서 정책적으로 규제 완화를 계속 미루는 이유가 된다. 적재적소에 부동산을 공급하기는 어렵다. 공산품처럼 마구 찍어낼 수 없기 때문이다.

그간의 공급에 대한 아이디어를 보면 참고할 만한 것이 있다. '도심의 고밀도 개발', '그린벨트 해제', '도시 내 자투리땅 활용', '빈 상가의 일시적인 주거 활용', '군사시설 용지 전용' 등 다양하다. 이 중에서 '빈 상가의 일시적 주거 활용'이나 '자투리땅 활용'은 당장 실행할 수 있다고 본다.

재건축이나 재개발에 대한 규제는 무한정할 수 없는 노릇이어서 결국 완화해야 한다고 본다. 특히 재개발은 재건축과 달리 인프라가 부족하고 낙후된 지역이 대부분이기 때문에 빠른 시일 내에 개발을 진행해야 한다. 재건축은 규제 완화에 따른 임대주택 건립이나 초과 이익 환수 등을 병행해야 할 터인데, 소유자의 반발은 염두에 두어야 할 문제다. 따져보면 규제 해제는 간단하지가 않다.

11 | 깨알 노하우
강남 아파트를 왜 때려잡을까

　방송이나 신문 등 매스컴에 보도되는 내용 중에 '강남발 집값 상승' 또는 '강남 재건축 규제' 등 유독 강남에 대한 이야기가 많이 등장한다. 정책 당국에서는 왜 강남 집값을 잡으려고 하는가. 결론부터 말하자면 알다시피 강남이 오르면 주변 집값이 따라 오르기 때문이다. 특히 재건축은 규제를 완화해 줄 경우, 이주 수요까지 겹쳐 그 파급력이 막강하다.

　집값은 이웃과 비교하고 주변 단지들과 비교해서 거래 가격이 결정되는 케이스가 많다. 집을 팔려고 한다면 가까운 부동산 중개업소에 문의하고, 인터넷을 검색해 옆집이 얼마에 팔리고 옆 단지가 얼마에 거래되는지를 먼저 참고한다. 흔히 '거래 사례 비교법'이라고 하는 것 말이다.

만약 강남의 어느 위치 좋은 아파트 단지의 3.3㎡당 가격이 6,000만 원에서 7,000만 원으로 거래가 되었다고 가정하자. 그러면 옆의 단지에서 "우리 단지가 저쪽보다 뒤처지는 것이 무엇인가? 우리도 저만큼은 받아야 한다."라고 호가를 올릴 것이다. 다음 옆 단지 입주민들도 같은 생각으로 7,000만 원까지 올린다.

계속해서 인접 지역으로 들불 번지듯이 상승세가 퍼져 나간다. 곧이어 강남과 가까운 경기도 분당이나 판교 등을 거쳐 수원, 하남, 용인, 동탄 등 수도권으로 번진다. 동시에 강북으로 상승세는 이어질 것이고, 지방 대도시도 바통을 이어받을 공산이 크다. 이러한 사태가 예견되기 때문에 당국에서는 강남이 상승하는 기미가 보이면 각종 규제의 칼을 들이대는 것이다. 특히 재건축은 늘 도마 위에 오른다.

어느 신문의 인터뷰 기사에서 "강남은 그들만의 리그로 두어라."라는 내용을 본 적이 있는데, 이는 과거의 경험과 집값 상승의 메커니즘을 오해한 발언이다. 그들의 집값이 오르면 그들만의 문제가 아니다. 앞에서 살펴본 바와 같이 주변부터 같이 따라 올라서 순식간에 전국적으로 오르기 때문에 "그들만의 리그로 두어서는 안 된다."라는 것이다. 강남을 잡아야 주변도 잡힌다.

강남을 보면서 투자의 방향을 잡아도 된다. 이 지역은 도시 인프라가 탄탄하고, 학군, 쇼핑 시설 등 기반 시설이 훌륭하다. 또한, 일자리가 몰려있고, 사람이 모이니 상권도 발달해 있다. 주거지역은 전문직 종사자나 부자들이 몰려 살고 커뮤니티가 잘 형성되어 있다. 세금도 많이 걷히니 주민 편의시설이나 인프라에 재투자되어 생활환경이 더욱 좋아진다. 한마디로 집값이 상승할 조건을 두루두루 갖추고 있는 셈이다.

따라서 투자하려면 인프라가 잘 갖추어지고 학군이나 기반시설이 강남과 비슷한 지역을 찾으면 된다. 아니면 대장주라고 부르는 그 지역의 1등 아파트 단지에 투자하면 실패 확률이 낮다. 또 강남이 오르면 주변도 따라 오르고 그 여파가 수도권을 거쳐 지방에까지 빠른 속도로 전이된다는 점을 잊지 말아야 한다. 빠르게 선점하고 기다리는 작전도 노려볼 만하다.

미래의 집값에 대한 예상은 '오를 가능성이 있다.'로 정리된다.
물론 인기 지역을 중심으로 말이다.

01 | 의사 마음 환자 마음
다양한 부동산 투자 종목

의사는 모든 것을 사실대로 환자에게 얘기하기로 했다.

"환자분은 이제 길어야 이틀 정도밖에 살 수가 없습니다.

그러니 지금이라도 꼭 하시고 싶은 일이 있으면 서두르십시오.

누구든 만나고 싶은 사람은 없습니까?"

그러자 환자가 모기만 한 소리로 말했다.

"있긴 있는데요…."

"누군지 말씀하십시오. 곧바로 연락해서 오시게 하겠습니다."

환자는 이제 살았다는 듯이 환한 얼굴로 대답했다.

"다른 의사 선생님이요."

부동산 투자를 하다 보면 항상 이익을 남기는 사례만 있는 것은 아닐 것이다. 부동산 시장 자체가 일반 경기와 마찬가지로 오르고 내리는 기본 사이클을 지녔기 때문이다. 투자 고수라 할지라도 매번 수익을 올리기는 쉽지 않을 것이다. 부동산 시장이 침체기이거나 투자 성적이 신통치 않을 경우, 이때 필요한 부분이 투자 품목이나 지역을 바꾸어 보는 것이 하나의 방법은 아닐까 생각해 본다.

대표적으로 아파트 분양권 전매 제한이 발표되면 '규제 대책의 출발점'으로 해석하기도 한다. 정책의 기본 코스는 인기 지역을 중심으로 전매 제한 기간을 시행하다가 최종적으로는 전매금지까지 이어진다. 여기에 대출 제한부터 등기 후 일정 기간 거주의무 부여나 전매 제한 기간연장까지 강도를 높이기도 한다. 이럴 때 분양권 투자는 올스톱이 되고 다른 투자 대상을 찾아야 할 것이다.

시장 상황에 따라 다양한 견제를 받는 아파트를 피하는 경우도 있다. 같은 주거용이라고 하여도 아파트에 비해 다세대 주택(빌라)은 상대적으로 느슨한 점을 이용하기도 한다. 또한 재건축이 규제를 받으면 재개발, 가로 정비사업 등으로 옮긴다든지 해서 규제를 비켜가기도 한다. 때로는 주택에서 상가나 오피스텔, 토지로 건너뛰는 일도 있다. 물론 어느 정도 내공이 받쳐주어야 가능하겠지만 말이다.

투자 품목에 이어 '투자 지역'을 바꾸는 것도 투자자의 기본 패턴이다. 서울을 규제하면 경기도 주요 지역으로, 다시 수도권 외곽으로, 지방으로 옮겨 다니기도 한다. 일명 '풍선 효과'라고 하는 어떤 품목이나 지역을 규제하면 수익을 좇아 다른 품목이나 지역으로 옮아가는 현상 말이다.

투자자 중에서는 자신이 아는 지역만 투자하는 경우도 있는데, 나름대로 장점도 있을 것이다. 다만 대부분의 투자 고수나 성적이 좋은 투자자는 지역과 품목을 가리지 않는다는 점이다. 간혹 투자금을 부동산에서 주식이나 금, 채권 등으로 옮기기도 하겠지만, 보수적인 부동산 투자자들의 성향상 쉽게 이동하는 것 같지는 않다. 부동산 투자에서 투자 품목 선택과 지역 선택의 중요성은 아무리 강조해도 지나치지 않을 것이다.

02 │ 대략 난감
아파트 청약 당첨 확률

어떤 사람이 도움을 주었던 한 지인으로부터
고맙다는 내용의 편지를 받았다.
그 편지 봉투 속에는 즉석 복권 열 장이 들어 있었는데
모두 긁어서 번호가 노출된 것이었다.
편지 사연은 이랬다.

"도와주셔서 고마웠습니다. 보답하기 위한 선물로 복권 몇 장을
샀습니다."

"그런데 죄송하게도 모두 당첨되지 않았네요."

로또복권 1등에 당첨될 확률은 '8,145,060분의 1' 이라고 한다.

10장을 사도 '814,506분의 1'이다. 이것을 매주 또는 주기적으로 구입하는 사람들이 있다는 뉴스를 본 적이 있다. 개인이 자유롭게 사는 것에 대해 굳이 할 말은 없다. 다만 그렇게 낮은 확률에 기대를 걸기도 하는데, 이보다 훨씬 가능성이 높은 '아파트 청약'에 도전해 보기를 바라는 마음에서 풀어본다.

언론에 자주 등장하는 인기 지역 청약에 대한 뉴스를 살펴보자.

"실제 최근 위례신도시 청약시장은 수요가 대거 몰리며 세 자릿수 경쟁률로 마감하는 단지가 속출하고 있다. 먼저 지난 2월 중흥건설이 A3-10블록에 공급한 '위례신도시 중흥S클래스'는 426가구 모집에 4만 4,448명이 신청 평균 104.34대 1의 경쟁률로 1순위 청약을 마쳤다.

또 5월 우미건설이 A3-2블록에 공급한 '위례신도시 우미린 2차'는 369가구 모집에 무려 4만2,457명이 청약을 신청, 평균 115.1대 1, 최고 854.6대 1이라는 경이적인 경쟁률로 1순위를 마감했다. 그뿐만 아니다. 지난달 위례신도시 중흥S클래스가 실시한 2가구 무순위 청약에는 무려 4,043명이 몰리며, 위례신도시에 대한 높은 관심을 실감케 했다."

2020. 06. 18.자 헤럴드경제 신문

'위례 우미린 2차' 아파트에 당첨이 된다면 대략 5~6억 정도의 시세차익을 거둘 수 있다. 물론 전매 제한 10년에 대한 것은 별론으로 하더라도, 당첨만 되면 거액을 벌 수 있는 확률이 겨우 '115대 1' 정도밖에 되지 않는다. 아무리 높아도 1,000대 1 혹은 2,000대 1이다. 로또복권의 '8,145,060분의 1' 확률에 비할 바 아니다.

새 아파트에 관심을 가지고 꾸준히 청약하다 보면 좋은 일이 있을 것이다. 떨어져도 로또처럼 돈을 날리는 것도 아니다. 청약통장에 일시금으로 넣어 두든, 매월 일정액을 납부하든 저축까지 겸할 수 있으니 로또보다 더욱 실속이 있다. 혹시 복권에 빠져서 매주 부푼 꿈을 꾸다가 산산이 깨지기를 반복했다면 방향을 바꿔보자.

훨씬 확률이 높은 아파트 청약에 도전해 볼 일이다. 공공 분양이든 민간 분양이든 꾸준한 도전이 답이다. 고수나 초보 할 것 없이 확률은 똑같다. 도전 횟수가 많으면 실력도 저절로 향상된다. 많이 넣어야 당첨률이 높아진다.

03 | 장사꾼의 머리
부동산 과장 광고

손　님 : 여기 스테이크 좀 보세요. 너무 작아요.

　　　　엊저녁에 나온 것은 이것보다 두 배나 컸었는데.

웨이터 : 어제 어디에 앉으셨죠?

손　님 : 그게 이거하고 무슨 상관이요? 창가에 앉았는데….

웨이터 : 창가에 앉는 손님에게는 큰 스테이크를 드리고 있습니다.

　　　　좋은 광고가 되거든요.

　건설사를 비롯하여 분양업자, 부동산 중개사무소 등의 허위 · 과장 광고는 어제오늘의 일이 아니다. 어떤 개발 계획이나 인프라 건설에 대해 구상 단계에서 확정된 것처럼 발표하는 것이 대표적이다. 거기에다 사업 완료 후 기대효과를 부풀려서 과장하는 것도 문제다.

아래 표를 보면 광고 문안이 어디서 많이 보았을 법한 내용이다. 현실과 비교하면서 냉정하게 평가해 보도록 하자. 부동산 광고에 대해서 점점 규제가 강화되고 있다. 애교로 봐줄 만한 것을 넘어가더라도 허위 광고는 근절되어야 할 것이다.

광 고	현 실
지하철역 도보 5분	우사인 볼트 전력 질주 5분
전철 계획 발표	착공까지 기본 10년은 걸림
고속도로 IC 인접	지역이 큰길로 분리되어 있음
강남까지 시간 단축	강남 가서 돈 쓰고 옴
슈퍼 가까움	대형 마트나 쇼핑 시설이 인근에 없음
집주인 친절함	간섭이 장난 아님
옥상 단독 사용 가능	여름에 더 덥고, 겨울에 더 추움
도심 속 전원 느낌	다른 주택과 고립되고 밤이 무서움
반지하 같지 않은 일조량	반지하인데 1층 가격과 맞먹음
신혼부부 환영	대가족 불가

04 | 바람피운 대가 레버리지의 위험성

암탉과 수탉이 살았는데 암탉이 바람을 너무 피웠다.

어떤 날에는 계란을 낳고, 어떤 날에는 오리알, 비둘기알, 꿩 알….

알이란 알은 종류별로 다 낳아 부끄러워 이민을 떠나버렸다.

몇 년 후 귀국하는데 암탉은 없고 수탉만 돌아왔다.

친구 닭들이 물어봤다.

암탉은 어디 갔어?

수탉 왈,

고것이~ 자기 버릇 남 못 준다고,

타조알 낳다가 죽었어!

부동산 투자 시 자신의 자금 여력을 생각해야 한다. 뱀이 닭을 먹을 수는 있지만, 코끼리를 먹을 수는 없는 노릇이다. 배가 터진다. 욕심만 앞세우고 빚을 내서 무리하다가 큰코다친다. 특히 원금과 이자를 한꺼번에 갚아 나가는 대출은 주의를 필요로 한다. 자금 계획을 잘못 세우면 여러 개의 투자 물건이 줄줄이 무너진다. 순식간이다.

대표적인 사건이 '일본의 부동산 버블 붕괴' 다. 워낙 유명한 뉴스이니 핵심적인 이야기만 끌어와 보자. 1985년 플라자 합의로 엔화 가치가 높아지고, 저금리에 대출이 쉬워지자 기업과 개인은 은행 돈을 마치 '제 돈인 양' 끌어다 부동산과 주식 등에 쏟아붓는다.

부동산에 대한 수요가 늘자 가격이 오르고, 가격이 오르자 더욱 부동산을 사들이고, 은행은 계속 돈을 빌려주게 된다. 결국, 보다 못한 일본 정부는 금리를 대폭 인상하고 대출 총량제를 시행하자 돈줄이 마르게 된다. 그리고 끝이다. 이전의 반대 현상이 나타나 일순간에 거품이 사그라들었다.

우리도 장담할 수 없다. 금리는 수시로 변한다. 저금리 기조가 한동안 유지되다가 어느 순간 고금리로 바뀔지 모른다. 저금리 시대에 빚을 잔뜩 내서 부동산 투자에 나섰다가 나중에 이자를 감당하지 못하면 무너진다. 그것보다 무서운 사태가 가격 하락으로 인한 원금 손실이다. 투자 원금을 까먹고 '깡통 부동산'이 되는 것은 한순간이다. 부동산 규제가 시작되면 자금줄을 가장 먼저 조인다.

부동산 가격이 하락세로 돌아서면 매수세는 사라진다. 팔리지 않는 매물은 쌓이고 가격은 더더욱 내려가는 악순환에 빠진다. 수익은 나지 않고 원금마저 손실이 온 부동산을 계속 들고 갈 수는 없다. 결국, 이자를 견디지 못하고 경매 시장으로 넘어간다. 그런 면에서 보면 LTV, DTI, DSR 등 다양한 대출 규제는 박수받아야 할 정책이다. 탐욕을 주체하지 못하고 배가 터져 죽은 일본의 투자자처럼 되는 것을 미연에 방지하기 때문이다.

05 | 유대인의 상술
머리가 좋아지는 투자

기차 여행 중이던 유대인이 소금에 절인 청어를 먹다가 남은 대가리를 종이에 싸고 있었다.

곁에 있던 폴란드인이 끼어들었다.

"우리도 청어를 즐겨 먹지만, 무엇보다도 대가리를 먹으면 머리가 좋아진다고 하더군요."

유대인이 웃으며 말하였다.

"그럼 이것을 사시겠습니까?"

쌍방 간에 흥정이 이루어져 폴란드인은 청어 대가리를 5개에 5천 원을 주고 샀다.

먹기 힘든 청어 대가리를 다 골라 먹고 난 폴란드인은 짜증스럽게 말했다.

"당신은 정말 지독한 사람이군요. 5천 원이면 싱싱한 청어를 5마리 사고도 돈이 남을 것이오."

유대인이 대답했다.

"그것 보시오. 당신 머리가 벌써 좋아지지 않았소?"

부동산을 투자하는 데 여러 가지 기본 지식이 필요하다. 상식도 필요하다. 어려운 부분도 많고, 쉽게 접근할 수 있는 부분도 있다. 다만 어려운 경제나 법률 지식만을 가지고 있다고 해서 투자에 성공하는 것은 아니다. 부동산 가격 변동 요인이 너무 광범위하기 때문이다.

또한, 부동산 거래를 하는 데 있어서 협상도 잘해야 한다. 상대방에 대한 정보가 많을수록 협상에 유리할 것이다. 중개하는 공인중개사에 대해서도 파악해 둘 필요가 있다. 현실적으로는 거래 상대방에 대한 정보는 중개업자가 쥐고 있기 때문에 중개업자와 흥정을 잘하는 것이 필요하다. 중개업자의 관심은 중개보수다. 넉넉히 약속하고 이쪽에 유리한 협상을 부탁하라. 그리고 마음에 차지 않으면 직접 협상하라. 처음부터 직접 나서는 것보다 훨씬 얻는 것이 많을 것이다.

상가나 오피스텔을 분양받는다고 가정하면, 분양 계약서에 쓰여 있는 가격을 곧이곧대로 반드시 지불해야 하는 것이 아니라는 점이다. 돌판에 새겨진 고정된 가격이 아닌 흥정해서 깎을 수 있다는 전제를 가지고 상대를 마주하는 것이 필요하다. 과장된 배후 수요나 개발 계획에 지나치게 현혹되지 말고 냉정한 판단이 요구되기도 한다.

일반 매매에서는 호가 즉, 부르는 값에 주의가 필요하다. 매수인 입장이라면 매도인이 부르는 대로 지급하지는 않을 것이다. 호가와 실제 거래가는 엄연히 다르다. 싸게 살 수 있으면 최대한 절충을 해서 저렴하게 사야 한다. 매도인 입장이라면 많이 받을 수 있으면 최대한 비싸게 받으면 된다.

부동산 거래 시 협상에 대한 기본 지식을 간단하게라도 가지고 가야 한다. 지식이라고 할 것도 없다. 계약 테이블에서 양보할 것과 양보하지 않을 것을 미리 준비하면 된다. 여력이 된다면 상대방도 파악하고, 중개업자도 파악하고. 분양 팀장이나 직원들도 파악하면 훨씬 유리할 것이다.

때로는 용기와 배짱을 가지고 빠르게 결단하는 것도 중요하다. 시간만 끌어서 별다른 이익이 없다면 신속하게 결정하는 것이 부동산 투자에서 성공할 확률이 높다. 자칫 타이밍을 놓치면 더 큰 것을 잃기도 하는 것이 부동산 시장의 특성이기 때문이다.

06 | 폼생폼사
과감한 결정이 필요하다

사치스럽게 살아온 남자가 사업이 부도나자 자살을 결심했다.

그는 철길 옆에 앉아 양주를 한 병 비운 뒤 회한에 잠겼다.

그렇게 생각에 잠겨 있는 동안 몇 대의 화물열차가 지나갔다.

아까부터 남자의 수상한 행동을 지켜보던 동네 사람이 그에게 물었다.

"이보시오, 이왕 죽을 바엔 빨리 죽지 왜 그렇게 뜸을 들이는 거요?"

그러자 자존심이 상한 남자가 신경질적으로 대꾸했다.

"난 지금 KTX를 기다리고 있는 거라고요!"

부동산을 사거나 팔 때 끝까지 이익을 챙기고 싶어 하는 것이 사람 마음이다. 그것은 어쩔 수 없다. 피할 수도 없다. 거래가 성사된다는 말은 어떤 형태로든 서로 이익이 생긴다는 말이다. 미래에 벌어질 일은 사람의 힘으로 알 수 없고, 다만 누가 예측을 잘했느냐 못 했느냐의 문제일 뿐이라고 본다. 때로는 행운의 여신이 어느 편의 손을 들어 주느냐의 문제일 수도 있겠다.

부동산을 매수하는 입장에서 보면, '비싸게 사는 느낌' 혹은 '사고 나서 떨어지면 어쩌나' 라는 불길한 예감을 지울 수 없을 것이다. '좀 더 저렴하게 사는 방법은 없을까?', '싸게 살 타이밍을 놓치고 너무 늦게 사는 것은 아닐까?' 라는 느낌도 있을 것이다. 왜? 미래는 모르기 때문이다. 알면 무조건 사거나 쳐다도 안 볼 것 아닌가.

누구나 내가 살 때는 '기다렸다 사면 더 떨어지지 않을까?' 라는 심리적인 기대감이 강하다. 그런데 예상과 다르게 가격이 오르면 '지난번에 샀어야 했는데' 라고 자꾸 과거의 낮은 매매가격을 생각하면서 더욱 결정을 못 하는 것이 사람이다. 만약 예상대로 떨어지면 '더 떨어질 것' 이라는 기대치까지 얹어 더욱 기다릴 것이다.

이와 반대로 부동산을 매도하는 입장에서 보면, '싸게 파는 느낌' 혹은 '팔고 나서 오르면 어쩌나' 라는 불길한 예감을 지울 수 없을 것이다. '좀 더 높은 가격에 파는 방법은 없을까?', '더 받을 타이밍을 놓치고 너무 빨리 파는 것은 아닐까?' 라는 느낌도 있을 것이다. 왜? 역시 미래는 아무도 모르기 때문이다. 알면 팔지 않거나 싸게라도 팔려고 할 것 아닌가.

누구나 내가 팔 때는 '기다렸다 팔면 더 오르지 않을까?' 라는 심리적인 기대감이 강하다. 그런데 예상과 다르게 가격이 내려가면 '지난번에 팔았어야 했는데' 라고 자꾸 과거의 높은 매매가격을 생각하면서 더욱 결정을 못 하는 것이 사람이다. 만약 예상대로 오르면 '더 오를 것' 이라는 기대치까지 얹어 호가를 더욱 높일 것이다.

부동산을 사고파는 것은 때때로 운이 전적으로 좌우할 수 있고, 무언가 모를 힘이 작용할 때도 있다. 전문가의 말을 참고하거나 뉴스를 검토하고 여러모로 분석해서 결론을 도출하는 것은 결국 자기 자신이다. 자신의 결정이 끝나고 결과를 되돌릴 수 없는데 어찌하겠는가. 한번 결정했으면 조용히 시간에 맡기자. 미래의 일에 대해 너무 알려고 하지 말자. 공연히 '신의 영역' 에 얼씬거리지 말자.

07 | 3차 술자리
투자에 대한 책임

술고래 박 과장이 부하 직원들과 회식하러 갔다.

"야, 너희들, 오늘 나 확실히 책임질 수 있지?"

그러자 부하 직원들이 외쳤다.

"그럼요, 과장님 걱정하지 마세요, 저희만 믿으세요."

박 과장은 3차까지 마시다 정신줄을 놓았다.

다음 날 아침 너무 추워 눈을 떴다.

그런데 길 한복판에 자신이 누워 있는 것이 아닌가.

깜짝 놀라 고개를 들어보니, 배 위에는 메모지가 있었다.

'밟지 마시오!'

부동산 투자는 다양한 형태로 한다. 혼자서 독자적으로 할 수 있고, 때로는 둘 이상, 때로는 법인 명의로 등등 개인적인 성향에 따라 다를 것이다. 옆집 사람이 돈을 벌었다고 하니 그냥 나도 덩달아서 따라 하기도 한다. 이를 나쁘다고만 볼 수 없다. 부동산의 미래는 아무도 알 수 없기 때문이다. 어쨌든 투자에 대한 책임은 본인이 떠안아야 한다.

투자는 자신의 책임으로 하라. 여유 자금으로 하라. 주식이든 부동산이든 귀가 아프게 듣는 소리다. 주변에서 부동산으로 얼마를 벌었네, 집을 샀느니 어쩌니 하더라도 나와는 무관하다. 내가 직접 투자를 실행하고 수익을 거두어야 진정한 성공 투자다. 묻지 마 투자로 친구 따라 덤벼들었다가 쫄딱 망하면 누가 책임질 것인가? 투자는 내공을 충분히 쌓고 시작해도 늦지 않다.

실패를 맛본 투자자는 투자의 세계를 떠날 가능성이 크다. 입맛이 아주 씁쓸할 것이다. 무협지에 등장하는 강호의 고수가 되기는 쉽지 않다. 고수가 되어 이름을 날리다가, 초야에 묻혀 살아야 하는데 쉽지 않은 일이다. 다만 부동산 투자가 목돈을 투입한 장사나 사업체 운영에 비해서 실패율이 낮은 점은 다행스러운 일이다.

퇴직금이나 목돈을 다단계에 쏟아붓거나 경험도 없는 장사를 한다고 한 방에 날리는 사례를 목격한 적이 있을 것이다. 부동산은 사기를 당하거나 속아서 거래하지 않는 이상 폭망하는 사태는 없다. 비록 매수한 부동산의 가격이 하락하더라도 손실액이 크냐 적으냐의 문제다. 레버리지를 이용했다면 이자 부담의 문제만 있을 뿐이기 때문이다. 부동산의 인기가 식지 않는 이유 중 하나다.

08 | 남녀의 차이점
투자자마다 다른 개성

〈남녀의 차이점〉

구분	샴푸를 고르는 방법	슈퍼마켓에 가는 이유
여성	단백질과 알로에 추출물이 있어서 볼륨감을 추가하고 싶어서 비타민과 미네랄이 있어서 반짝이는 액체 케라틴을 함유해서 향기가 좋아서 가격이 저렴해서 1+1 행사 기간이라서 쿠폰을 사용할 수 있어서 린스와 짝을 맞추려고	음식이 떨어져서 아이들 과자 사고 싶어서 한 바퀴 돌고 싶어서 새로운 것 없나 구경하려고 어디 갈 데가 없어서 단것이 먹고 싶어서 신 것이 먹고 싶어서 시식 코너 가려고 새 옷 자랑하려고
남성	병에 샴푸라고 쓰여 있어서 여자 모델이 예뻐서	술과 안주 사러 먹을 게 하나도 없어서

남성과 여성은 여러 가지로 다른 점이 많다. 부동산을 고를 때에도 차이가 있다. 주택을 예로 들면, 여성들은 주방의 구조와 동선, 거실, 안방 등 내부 인테리어와 평면에 신경을 집중한다. 그런데 더 중요한 것은 밖에 있다. 주택이 자리 잡은 위치가 첫째로 중요하고, 이에 연결되는 교통이나 학교, 세대수, 편의시설 등이다. 심하게 말하면 집의 구조나 인테리어는 대충 봐도 될 사안이다.

　과거에는 남성이 직장에 나가고 여성은 집에서 살림하는 것이 당연시되었다. 그래서 여성들이 남는 시간을 이용하여 부동산 투자에 나서는 경우가 많았다. 부동산에서 여성의 파워가 센 이유 중 하나일 것이다. 이제는 시대가 변해가고 있다. 남성들의 발언권이 점점 높아지고 있다.

　하지만 아직도 부동산의 투자나 실거주를 결정하는 데에는 여성들의 힘이 강력한 것 같다. 투자의 방향을 결정해야 할 때 부부의 의견이 갈리면, 남성 측에서 양보하는 경향이 많기 때문이다. '싸움보다는 양보'를 '이기고 매일 싸우느니, 차라리 양보'를 선택하는 남성이 많을 것으로 예상된다. 또한 시간이 경과한 후 실패한 투자가 되었을 때, 책임을 뒤집어쓰지 않기 위함도 있을 것이다.

이러한 결과를 아는 것일까. 건설사를 비롯한 부동산을 판매하는 쪽에서는 '여심 잡기'에 총력을 기울인다. 남성을 위한 마케팅은 이민을 떠난 듯 보인다. 약간 과장된 말이니 오해 없기를 바란다. 판매하는 쪽에서는 결정권자가 누구인지를 귀신같이 알아서 그 사람을 집중 공략한다.

09 | 대문호 섹스피어
모르면 손해, 알고 투자하자

영국의 극작가 섹스피어의 작품 '햄릿'을 보고 난 후 식사하는 자리.

손 님 : 오늘 연극 정말 멋졌습니다.
웨이터 : 작품을 쓴 '섹스피어'에 대하여 어떻게 생각하세요?
손 님 : 글쎄요, 앞 두 글자는 알겠는데 피어는 당최 모르겠네요….

부동산 투자를 하는 데 있어 공부는 필수다. 그런데 관련 지식에 통달하고 경험이 많은 고수라 할지라도 항상 성공하는 것은 아닐 것이다. 또한 마냥 공부만 할 수 없는 노릇이다. 때로는 발 빠르게 돈을 지른 이웃집 할머니가 고수들보다 더 나은 성적을 거둘 수 있는 것이 부동산 시장이기 때문이다. 안다고 잘난 체해서는 안 되는 이유가 여기 있다.

덧붙여, 이론적인 것만 파는 것이 전부가 아니다. 현장을 누비며 실전을 몸으로 겪는 것도 공부다. 공부만 하고 책만 많이 읽는다고 성공하는 것도 아니다. 부동산 투자에서는 '실행해야' 그리고 '돈을 질러야' 결과가 생기는 것 아닌가. 아무것도 안 하고 매일같이 망설이고 앞뒤 재다가는 얻는 것이 없다.

때로는 인맥만 잘 갖추고 있어도 성공한다. 귀동냥으로 얻은 지식으로 투자를 감행하든, 지인들을 따라서 '묻지 마 투자'를 하든 정확한 정보를 바탕으로 투자했다면, 망설이는 고수보다 훨씬 낫다. 무시하지 마라. 불안해 보여도 전문가보다 더 부자일 수 있다. 덤벙대는 것처럼 보이는 수강생이 강사보다 더 투자를 잘할 수 있다.

투자에 몇 번 성공했다고 자만하지 말자. IMF 구제 금융 사태를 누가 예측이나 했는가. 당시 부동산 가격이 폭락할 때 어떤 부동산 이론도 먹히지 않았다. 2008년 금융위기 때도 마찬가지였다. IMF 학습효과로 다행히 폭락은 일시적이었지만 한동안 부동산으로 돈을 번 사람을 찾기 힘들었다.

모르고 투자하면 알고 투자하는 것에 비해서 실패율이 높은 것은 불을 보듯 뻔하다. 부동산은 이론보다 경험이나 실전 투자가 더 중요한 듯하다. 구체적으로 개별 물건을 사고파는 행동이 수반되어야 해서 그렇다. 이론과 실전에 대한 공부를 게을리하지 않고, 겸손함까지 갖춘다면 주변에서 당신을 고수라 인정할 것이다.

10 | 가는 세월
부동산은 미래를 보는 안목이 필요하다

고등학교 3학년 담임교사가 졸업 앨범비를 내라고 학생들을 들볶았다.

학생들에게 실망한 선생님의 말씀이 길어졌다.

"20년이 지나고 나면 이 사진이 얼마나 귀한 물건이 되겠니.

생각 좀 해봐. 이 앨범을 보고 이렇게들 이야기할 게 아니겠어.

이쪽은 변호사인 내 친구 △△이고, 이쪽은 국회의원인 내 친구 ○○이고…."

갑자기 뒤쪽에서 누군가가 훼방을 놓았다.

"이쪽은 돌아가신 우리 선생님이고…."

부동산 투자는 단기전보다는 장기전 승부이고, 미래를 내다보는 안목이 있어야 한다. 주변의 투자자와 실수요자를 보더라도 최소 3~5년, 길게는 10년 이상 보유한 부동산이 효자 노릇을 한다고 들었다. 필자가 투자한 부동산도 그렇다. 물론 개인차가 있겠지만 확률적으로 단기보다는 장기가 훨씬 유리하다고 본다.

지금은 차 한 대 안 다녀도 넓은 도로를 예상할 수 있어야 하고, 허허벌판이어도 아파트 단지와 상업지역을 그려봐야 한다. 8차선 10차선 이상의 도로에는 밑으로 지하철이 지나갈 수 있고, 역 간격이 먼 전철노선은 중간에 새로운 역사가 생길 확률도 있다. 그린벨트가 제 기능을 잃어버리면 해제될 가능성이 크다. 대충 자기 생각대로 그려서는 위험하고, '국토종합계획' 또는 '도시기본계획' 등의 자료부터 검토하는 것이 기본이다.

뿐만 아니라 보수정권이나 진보정권이 들어서면 어떠한 정책을 내놓을 것인지 예측해 보아야 한다. 때로는 누가 어느 자리에 오르는 것만 봐도 정책을 예상해볼 수 있을 것이다. 또한 어떤 개발 재료가 발표된다 하여도 마무리되기까지는 어느 정도 시간이 걸린다는 점도 잊지 말아야 한다. 대표적으로 전철이나 도로 개설을 발표하였을 때, 계속 추진할 동력은 있는지 또는 예산은 뒷받침이 되는지 따져봐야 할 것이다.

정치인들은 대개 표를 얻기 위하여 일단 발표부터 하는 경향이 있고, 중간에 사업을 질질 끌기도 한다. 또한 다음 선거에서 낙선할 경우 사업이 통째로 중단되는 경우도 종종 발생한다. 이처럼 부동산은 장기적인 안목으로 바라볼 때 성공 확률이 더 높다. 미래의 그림을 그리는 능력, 무에서 유를 창조하는 능력을 기르면 그만큼 투자 성공률은 높을 것이다.

11 | 깨알 노하우
자금 보유액에 따른 부동산 투자

부동산 투자는 몇억 원이나 몇십억 원 이상의 거액으로만 가능한 것은 아니다. 몇백만 원부터 1억 원 이하의 자금도 가능하다. 기초부터 간단히 몇 가지 알아보도록 하자.

첫째, 부동산 지식이 적고, 자금이 별로 없을 때.

이때는 주택청약 통장을 만들고 청약에 대해 공부하는 것이 으뜸이다. 부동산 관련 지식이 없으니 공부하는 시간도 필요하고, 돈이 적으니 부동산을 선뜻 사기도 어려운 시기다. 내공을 쌓는 시기로 생각해야 하고, 시간을 헛되이 보내지 않도록 청약통장에 차곡차곡 저축을 하는 것이 최선이라고 본다. 기본 월 10만 원을 불입하는 것부터 시작하자.

특히 청약에 대해 철저히 공부해 두어야 한다. 공공 분양과 민간 분양, 특별공급, 청약통장, 청약가점 등에 대해서도 잘 알아야 한다. 언론에 등장하는 인기 지역 아파트와 청약 뉴스는 잘 챙겨보고 모의 청약도 해 볼 것을 권한다. 특히 긴급 자금이 필요하다고 해서 청약통장을 해지하면 안 된다. 범위 내 대출받으면 되기 때문이다. 사소한 것이지만 중요하다.

둘째, 부동산 지식이 쌓이고, 기본 자금이 준비되었을 때.
부동산 경매를 배우고 입찰에 뛰어드는 것도 괜찮으리라 생각한다. 물론 경매 공부가 어렵거나 두려워 내키지 않으면 아파트나 빌라 등 주거용을 중심으로 일반적인 투자로 방향을 잡는 것도 좋다. 경매 투자를 하든 보통의 투자를 하든 책이나 강의를 통한 공부는 필수라서 긴 얘기는 하지 않겠다.

다만 혼자서 하는 것보다는 스터디 그룹이나, 투자 모임 등을 조직해서 함께 하는 것이 위험도 줄이고 투자를 오래 할 수 있다. 혼자 북 치고 장구 치고 모든 것을 하는 사람도 있겠지만, 대개 협업이나 공동 투자를 통하는 것이 위험률은 낮추고 수익률을 높일 가능성이 높다.

셋째, 부동산 지식에 밝고, 자금이 넉넉할 때.

수많은 부동산 투자자들의 로망 '건물주'가 되는 시절이다. 일하지 않고 일정한 월세 수입이 들어오는 안정기에 접어드는 때이다. 이러한 수준이 되면 부동산 전문가라고 불러도 손색이 없을 것이다. 상가건물이나 빌딩 등 거액이 투입되는 부동산을 사고파는 고수다. 여유 자금으로 분양권이나 상가 등에 투자하고, 월세 수입을 올리기도 하고 양도차익도 누리는 단계다.

간략하게 부동산 투자의 3단계를 살펴보았다. 부동산 관련 공부를 할 때 어렵다고 느껴 포기하고 싶을 때가 있을 것이다. 그런데 오히려 그것이 기회가 된다. 다른 사람도 그 단계에서 많이 어려워하고 포기한다. 주택 청약에 대한 내용을 보면 법도 복잡하고 엄청나게 헷갈린다. 쉽게 해야 한다고 주장하는 사람들도 많다. 맞는 말이다. 그런데 달리 생각해 보면 어렵기 때문에 경쟁률은 낮아진다. 어려운 공부를 해서 남들이 못 하는 곳에 청약하는 것이 제대로 된 투자자다.

많은 사람이 쉽게 접근하는 곳은 경쟁률이 심하고 먹을 것이 적다. 경매도 마찬가지다. 관련법도 어렵거니와 입찰부터 답사, 낙찰, 명도 등 어려운 일이 한두 가지가 아니다. 그래서 중도 포기하는 사람들도 많다. 경매 사고로 손해를 보는 투자자들도 있다. 어렵다고 푸념만 하고 경매 시장을 떠나면 얻는 것이 없다. 어려움을 극복하는 사람이 진정한 승자다.

투자함에 있어 아무리 공부를 많이 하고 내공을 쌓더라도
결국 '실행'이 없으면 얻는 것이 없다.

Chapter **04**

**투자인가
투기인가,
이것이
문제로다**

01 | 골퍼의 억지
내 집은 올라야 한다

한 골퍼가 페어웨이로 나가는 긴 장타를 날렸다.

공이 있는 데로 가 보니 어떤 여자가 그 공을 치려고 하는 것이 아닌가.

"미안하지만 댁이 치려는 공은 내 것인데요."라고 했다.

"이건 내 공이에요!"라고 여자는 우겼다.

"부인, 그걸 집어 확인해보면 아시겠지만 제 이름이 적혀 있어요."

여자는 자기 공이라고 계속 우기다가, 공을 집어 살펴보고는 말했다.

"아니, 내 공에 어째서 당신 이름이 적힌 거죠?"

아파트 단지 부녀회나 입주자 대표회의에서 집값 담합을 한다는 이야기는 매스컴에 자주 등장하는 뉴스다. 집주인들은 중개사무소에서 가격이 조금만 낮은 매물을 광고에 올려도 '허위매물' 이라고 신고를 한다. 다른 것은 참아도 가격이 싼 것은 참지를 못한다. 그랬던 그들이 집을 살 때는 '거품이 잔뜩 끼었다' 라느니 '올라도 너무 올랐다' 라느니 아까와는 딴판인 소리만 해댄다. 나이를 먹으니 기억력이 떨어지나 보다.

각 당사자는 엄연한 객관적인 사실에도 귀를 막는다. 집주인은 오로지 집값이 올랐다는 뉴스만 가져오고, 털끝만한 이유로 집값을 올린다. 파는 사람은 오로지 파는 입장만 내세우고, 사는 사람은 오로지 사는 입장만 내세우고 충돌한다. 아무튼 매도(임대)인이 가격을 높게 부르는 것과 매수(임차)인이 가격을 낮게 깎는 것은 거래가 있는 한 영원히 따라다니는 숙제다.

이해관계가 상반된 입장의 그들이 계약을 체결하는 것이 거래이지만, '말이 통하지 않거나' 혹은 '답이 안 나오거나' 때때로 '꽉 막힌 사람' 을 만나는 경우도 있다. 무논리, 무근본, 떼법이 등장하기도 하고 읍소 작전이든 무시 작전이든 다양한 방식으로 어쨌든 결론을 맺는다. 억지도 그런 억지가 없을 것 같지만, 그 와중에 합의를 끌어내는 것이 부동산 시장이다.

공인중개사법 중 2020. 8. 21.부터 시행되는 내용을 잠시 살펴보자.

제33조 ② 누구든지 시세에 부당한 영향을 줄 목적으로 다음 각 호의 어느 하나의 방법으로 개업공인중개사등의 업무를 방해해서는 아니 된다. 〈신설 2019. 8. 20.〉

1. 안내문, 온라인 커뮤니티 등을 이용하여 특정 개업공인중개사등에 대한 중개의뢰를 제한하거나 제한을 유도하는 행위
2. 안내문, 온라인 커뮤니티 등을 이용하여 중개대상물에 대하여 시세보다 현저하게 높게 표시·광고 또는 중개하는 특정 개업공인중개사등에게만 중개의뢰를 하도록 유도함으로써 다른 개업공인중개사등을 부당하게 차별하는 행위
3. 안내문, 온라인 커뮤니티 등을 이용하여 특정 가격 이하로 중개를 의뢰하지 아니하도록 유도하는 행위
4. 정당한 사유 없이 개업공인중개사등의 중개대상물에 대한 정당한 표시·광고 행위를 방해하는 행위
5. 개업공인중개사등에게 중개대상물을 시세보다 현저하게 높게 표시·광고하도록 강요하거나 대가를 약속하고 시세보다 현저하게 높게 표시·광고하도록 유도하는 행위

위와 같이 법이 개정되었으니 과거와 같은 집값 담합 행위를 공개적으로 하기는 어려울 것으로 생각된다. 하지만 암암리에 이루어지거나 중개사무소와 짜고 뒷거래를 하는 경우에는 사실상 적발하기 어려울 것이다. 팔 때와 살 때의 이율배반적인 사람의 마음을 법으로만 제어할 수 있을지 두고 볼 일이다.

02 | 할머니의 비밀
공위 공직자의 다주택 보유

할아버지가 죽으면서 물었다.

"여보, 죽기 전에 꼭 진실을 알고 싶소.

못 생기고 돌대가리인 우리 넷째 정말 내 새끼 맞소? 진실을 말해 주시오."

할머니 왈,

"영감! 추호도 의심하지 말고 편히 가세요.

백 프로 당신 새끼입니다. 하늘에 대고 맹세합니다."

이 말을 듣고 할아버지는 편안한 얼굴로 세상을 떴다.

할아버지가 죽자 할머니는 혼자 중얼거렸다.

"나머지 세 놈 물어볼 줄 알고 한참을 떨었네."

고위 공무원의 청문회를 보면 '위장 전입'이나 '다주택 보유' 등 부동산 투기를 한 정황이 드러나는 경우가 의외로 많다. 국회의원이나 공직자 재산 신고 때에 나타나는 현상도 부동산 보유가 일반인에 비하여 많다는 점이다. 하기야 좀 더 능력도 뛰어나고 재산도 있으니, 돈이 되는 부동산 투자에 적극적으로 나섰으리라는 추측이 가능하다.

정당하게 일군 재산이라면 떳떳할 것이고, 공개하는 데 무리가 없을 것이다. 이를 욕해서도 안 되고 욕먹을 일도 없을 것이다. 다만 뒤가 구리다면 공직에 나가서는 안 될 것이다. 정책을 입안하는 사람들이 투기를 일삼고 탈법을 자행했다면, 다른 법도 지키지 않으리라 의심부터 할 것이다. 그들이 내놓는 정책을 누가 따르겠는가.

때로는 '인사 청문회'가 아니라 '부동산 청문회'를 보는 듯하다. 얼마만큼의 부동산을 보유하고, 위법이나 탈법 행위는 없었는지를 밝히고 폭로하는 것으로 변질하지는 않았는지 생각해 본다. 부동산이 '돈 되는 재테크 수단'이라는 것이 명백하게 밝혀지는 순간이다. 머리 좋고 돈 많은 사람이 몰리는 부동산. 그들만의 리그로 만들 수는 없다는 투자자. 지켜보기만 해서는 영원한 구경꾼이 될 것 같아 돌을 던지는 일반 서민들. 서로가 '사돈 남 말한다.'는 느낌을 지울 수 없다.

'노블레스 오블리주'를 실천하고 '도덕성이 뛰어난' 지도층 인사를 기대하는 것은 과한 욕심인가. 청문회를 지켜보는 일반 국민들이 생각하기에, 공식적으로 신고한 것 외에도 '숨겨 둔 재산은 얼마나 많겠는가?'라는 의심을 사는 인물밖에 없단 말인가. 이미 청문회를 통과한 인사들 중에서도 드러나지 않은 위법 사항, 감춰 둔 치부가 만천하에 밝혀지지 않았음에 안도의 한숨을 쉬고 있는 사람은 없는가.

03 | 부동산은 장기적 안목으로

어느 남자가 하느님께 기도했다.

"예쁜 여자와 결혼하게 해 주시면 절대 바람피우지 않겠습니다. 만일 바람을 피운다면 저를 죽이셔도 좋습니다."

그는 아름다운 여인과 결혼하게 되었다. 그러나 살다 보니 바람을 피우게 되었다.

남자는 처음에 두려웠으나 죽지 않게 되자 몇 번 더 딴 여자를 만났다.

3년이 흐른 어느 날 배를 타게 되었는데 큰 풍랑이 일어나자, 옛날에 하느님과 한 약속이 떠올랐다.

이 남자는 무서웠지만

"나 혼자도 아니고 백여 명이나 함께 배를 탔으니 설마 나 하나 죽이려고 배를 가라앉히진 않겠지."하고 생각했다.

그때 하느님께서 말씀하셨다.

"내가 너 같은 놈 백 명 모으느라 3년이 걸렸다."

부동산 투자에서 3년이라는 기간은 짧다. 2~4년은 전세 교체 주기이고 전세금의 변동이 있다. 보통 부동산 가격 변동의 큰 사이클은 10년 정도로 보고, 그 중간에 3~5년의 작은 사이클이 있는 것으로 예측한다. '사이클이 있다.' 라는 말은 '가격의 오르내림이 있다.' 라는 이야기와 상통한다. 이는 곧 항상 좋은 성적을 내기가 쉽지 않다는 말과도 같다. 물론 몇 개월 또는 1년도 안 되는 단기간에 좋은 성적을 올리는 투자자도 있다. 하지만 일반적인 경우는 아니다.

부동산은 독자적으로 움직이는 것이 아니고 경제 전체의 흐름과 그 궤를 같이 한다. 경기가 침체하거나 활황세를 보이면 대개 부동산 시장도 이와 같은 모습을 띠게 된다. 그래서 일반 경기가 늘 하락세나 상승세가 아닌 것처럼, 부동산 가격도 어느 정도 예측을 할 수 있는 것이다. 경기의 사이클은 변하기 마련이다. 만약 현재의 경제 상황이 불경기라 하더라도 기다리면 호경기는 온다. 호경기가 지속하는 시기라면 언젠가는 불경기가 찾아올 것이다.

이와 더불어 부동산 시장은 정치에도 영향을 받는다. 우리나라는 5년마다 대선을 치르고 4년마다 총선거, 지방선거 등이 있다. 정책을 세우고 집행하는 대통령과 국회의원을 뽑는 주기가 4~5년이니 부동산 시장의 사이클도 이와 무관하지 않으리라 예상하는 것이다. 부동산 시장에 직접적인 영향을 주는 것이 정책이기 때문이다.

굳이 과거를 들추지 않더라도 부동산 가격이 '한없이 올라가는 시절 없고, 한없이 내려가는 시절 없다.' 라는 말에는 공감할 것이다. 투자자는 그 흐름과 타이밍을 잘 파악하는 것이 관건이라고 생각한다. '부동산 투자는 타이밍' 이고 '시간을 사는 것' 이라는 말이 있다. 큰 사이클을 10년 정도로 두고 그사이의 3~5년 정도의 작은 사이클을 예측하면서 장·단기 플랜을 짜보면 어떨까.

04 | 유대인 세무사의 능력
세금이 투명하면 투기는 줄어든다

어떤 기업의 채용 면접에서 면접관이 물었다

"5 더하기 5는?"

일본인 지원자가 대답했다. "10입니다."

다음으로 중국인은 같은 질문에 15라고 대답했다.

세 번째로 유대인은 같은 질문을 받고는, 주위를 둘러본 뒤에 대답했다.

"사장님, 얼마로 할까요?"

결국 유대인 지원자가 채용되었다.

우리나라의 세무 체계는 아직 빈틈이 많아 보인다. 현금거래도 많고 법망을 피할 수 있는 구멍이 꽤 있어서일 것이다. 월급쟁이들은 투명한 유리 지갑처럼 세원 포착이 쉬운데, 전문직이나 자영업자들은 도무지 파악하지 못한다. 나아가 부동산에 대한 세금도 헐거워 보인다.

부동산 세금의 체계는 취득, 보유, 처분 등 3단계에서 세금이 부과되는 것은 잘 알 것이다. 그런데 지금까지 부동산 투자자들에게 취득과 보유 단계에서의 세금은 그다지 신경 쓰이는 대상이 아니었다. 이를 상쇄하고도 남을만한 양도차익을 얻을 수 있다는 믿음 때문이었다.

양도차익에 대한 세금은 나중 얘기고 '우선 먹기엔 곶감이 달다.'라는 유혹을 뿌리치기 어렵다. 부동산 거래의 폐쇄성으로 인하여 가격이 투명하게 공개되지 않는 맹점을 이용하여 탈세가 빈번한 사안도 개선해야 할 점이다. 물론 현재는 많이 개선되어 불법적인 요소는 현장에서 사라지는 추세다.

조세저항 때문에 세율이 낮은 '종합부동산세'는 보유세의 대표적인 세금이다. '과표 현실화'와 '세율 인상'의 두 가지가 동시에 실현된다면 일정 부분 투기 수요를 잡을 수 있을 것이다. 그러나 급격한 세금 인상은 정권의 안위를 위협할 정도로 민감한 사항이다.

세금을 좋아할 부동산 소유자는 별로 없을 것이기 때문이다. 투기를 잡겠다고 무작정 세금만 올리는 것도 올바른 처방은 아니다.

'소득 있는 곳에 세금 있다.' 라는 말처럼 수익 있는 부동산에 세금을 부과하는 것에 크게 반대할 이유는 없다. 다만, 과도하거나 급격한 세금 인상은 오히려 불법이나 탈법을 부추길 우려가 있다. 임차인이나 제3자에게 세금을 떠넘기는 '조세 전가' 현상도 무시할 수 없을 것이다. 나아가 인상된 세금을 투자 수익으로 보충하기 위하여, 더욱 부동산 투자에 열을 올리는 부작용이 생길 가능성도 있다.

05 | 욕심 많은 결혼 조건
마땅한 투자처 없나요

한 아가씨가 길에서 요술램프를 주웠다.

램프를 쓱쓱 문지르니 요정이 나타나서 말했다.

"소원 한 가지만 들어드리겠습니다. 단 한 가지만입니다."

그녀는 고민이 깊어졌다.

돈도 갖고 싶고 남자도 만나고 결혼도 하고 싶었다.

그런데 갑자기 기발한 생각이 떠올랐다.

그래서 램프의 요정에게 이렇게 말했다.

"돈, 남자, 결혼"

소원대로 그 아가씨는 '정신이 돈 남자와 결혼' 하게 되었다.

부동산 투자와 남녀 간의 결혼은 약간 닮은 데가 있다. 부동산을 매수(임차)하는 입장이라면 좀 더 싸고 좋은 것을 찾는다. 마찬가지로 매도(임대)하는 입장이라며 더 많이 받고 유리한 조건을 찾는다. 결혼도 이와 같지 않은가. 직업도 좋고 학벌도 좋고 돈도 많고 얼굴도 잘생기고.... 한마디로 '조건이 좋은 상대방'을 찾는다. 부동산과 차이가 없다.

그런데 부동산 투자는 언제 사느냐가 아주 중요하다. 한마디로 타이밍을 잘 맞추어야 한다는 것이다. 결혼도 비슷하다. 혼인 적령기를 넘기면 두루두루 불리하다. 그래서 선택에 지나치게 시간을 허비하면 적절한 타이밍을 놓치기 쉽다. 완벽하게 분석을 못하더라도 어느 정도 수익이 나올 것이라고 예측이 되면 들어가야 한다.

흔한 예로, 매수(임차)할 때 발바닥까지 떨어지기만 기다려서는 안 되고, 매도(임대)할 때 머리 꼭대기까지 오르기만 기다려서는 안 된다. 거래는 상대방이 있기 때문에 상호 간에 적정한 이익이 보장되고 알맞게 '먹을 것'이 있어야 도장을 찍는 것이다. '나만 이익을 보고 남이야 손해를 보든 말든 모르겠다.'라는 거래는 상대방이 바보가 아닌 이상 성사되기 어렵다.

혹시 매도하는 입장이라면 '기다리면 더 받을 가능성도 있겠지만 이쯤에서 팔고, 다른 투자 물건을 사거나 유용한 곳에 사용하는 것이 더 큰 이익이다.' 라는 심정으로 계약하면 어떨까. 이와 더불어 매수하는 입장이라면 '기다리면 더 싸게 살 가능성도 있겠지만 이쯤에서 도장 찍고, 혹시 떨어져도 감내하겠다.' 라는 심정으로 계약하면 어떨까.

저렴하고 좋은 물건은 나에게 올 확률이 희박하다. 아니 확률이 없다고 생각하는 편이 좋다. 공연히 쓸데없는 기대를 버리자. 같은 원리로 내 물건을 시세보다 비싸게 사 줄 사람을 기다리는 것도 부질없는 일이다. 싸고 좋은 물건만 고르는 사람들이 매수(임차)인 이라는 것을 벌써 잊었단 말인가.

06 | 기발한 작전
무릎을 치는 아이디어를 내 보자

아이 일곱을 둔 대가족이 이사를 해야 하는데 살 집을 구하기가 쉽지 않았다.

며칠을 허탕 치고 나서 남편은 아내에게 어린아이 넷을 데리고 공동묘지에 가 있으라고 했다.

그리고 나머지 아이들 셋을 데리고 집을 구하러 다녔다.

알맞은 집을 찾았더니 집주인이 어김없이 묻는 것이었다.

"아이들이 몇이죠?"

남편은 깊은 한숨을 쉬면서 대답했다.

"일곱이지만, 넷은 엄마하고 공동묘지에 있습니다."

부동산 투자를 하다 보면 다양한 물건을 접하게 된다. 대표적으로 아파트를 비롯한 다세대(빌라), 다가구, 단독 등 주거용이 첫 번째 만나는 부동산이다. 일반 매매를 통하든 경매를 통하든 매수한 부동산을 임대하거나 매도할 때 남들과 다른 아이디어를 동원하면 훨씬 수월하다.

주거용을 보여줄 때 깔끔하게 청소를 해 놓는 것은 기본이겠고, 주방이나 거실을 중심으로 내부를 예쁘게 꾸미는 것도 중요하다. 새로운 임차인에게 줄 물건은 아니지만, 인테리어 소품이나 가구가 세련되고 고급스러우면 자연스럽게 좋은 이미지를 주게 된다. 여기에 부담되지 않는 선에서 일정 부분 돈을 써야 한다. 투자라고 생각하고 과감히 지출해야 한다. 아끼지 마라.

임대수익을 주목적으로 하는 상업용 건물도 마찬가지다. 임대료를 주변 시세에 맞추거나 조금 높게 받는 것도 매매를 위해서는 필요하다. 임차인에게 저렴하게만 준다고 좋은 것은 아니다. 상가의 매매에 있어서 수익률은 무엇보다 우선시 되는 문제이기 때문에 적정 수익률을 유지해야 한다.

기본적인 상권이 형성된 곳이라면 유명 프랜차이즈를 유치하는 것도 좋다. 건물 전체를 살리는 업종은 임대료도 안정적으로 받을 수 있고, 매도 시에도 빠르고 높은 금액에 거래가 성사된다. 급하게

서두르지 말고 느긋한 마음으로 브랜드 업종을 기다리는 것도 장기적인 안목에서 긍정적인 효과를 불러온다.

혹시 비어있거나 임차인을 맞추기 쉽지 않은 상가라면, '렌트 프리'를 이용하는 방법도 하나의 돌파구가 될 수 있다. 예를 들어, 기본적으로 받아야 하는 보증금과 월세로 계약을 하고 몇 개월 동안은 월세를 안 받는 조건으로 하면 된다. 단순히 월세를 깎아주고 계약하는 것보다 추후 월세를 인상하거나 매도 시 유리하다. 외부적으로 봤을 때 임대료가 높아 수익률이 괜찮아 보이기 때문이다.

'궁하면 통한다.'라는 말이 있듯이 어려움에 직면하면 돌파구를 찾는 것이 사람인 것 같다. 부동산을 투자하다 보면 때로는 어려움에 처할 수도 있다. 주택, 상가, 토지, 오피스텔 등 뭐든 원리는 비슷하다. 남들이 생각 못 하는 아이디어를 내고, 남들이 못 하는 기발한 방법을 연구해 보라. 보유하는 동안 수익이 높을 것이고, 처분할 때는 양도 차익도 높을 것이다.

07 | 꾀병 치료법
도와주지 않는 언론

어느 군부대에서 한 병사가 이상한 행동을 하기 시작했다.

빈 종이든 무슨 종이든 가리지 않고 종이를 한 장 한 장 집어 들고는,

"이게 아니야!"

하고 내던지고 또 다른 종이를 힐끗 들여다보면서,

"이게 아니야!"를 계속 반복하는 것이었다.

그 병사는 곧 정신감정을 받게 되었는데 예상대로 정신이상 판정이 나왔다.

상관이 그 병사에게 귀가 통지서를 건네주며 고향으로 복귀 명령을 내렸다.

병사가 귀가 통지서를 들여다보고 외쳤다.

"그래! 바로 이거야!"

흔히 경제활동을 행하는 주체를 가계, 기업, 정부, 해외 부문의 4가지로 나눈다. 그런데 부동산 시장 활동 주체의 4가지를 말하라면 가계, 기업, 정부, 언론을 거론하고 싶다. 일단 해외 부문을 제외하고 말이다. 각 주체의 부동산에 대한 생각은 다를 것이지만 여기서는 언론에 포커스를 맞추어서 들여다보기로 하자. 신문이나 방송 등의 역할이 부동산 시장에서 차지하는 비중이 결코 작지 않다고 생각하기 때문이다.

부동산 가격이 상승하거나 하락하는 상황을 뿌리부터 추적해 보자. 어느 지역의 전세나 매매 가격에 변동이 생기면 이는 언론을 통하여 세상에 알려지게 된다. 이 뉴스를 바탕으로 먼저 반응하는 것이 가계다. 즉, 거래의 실질적인 주체인 매도(임대)인과 매수(임차)인이 움직여 금액이 확정되는 단계에 이르게 되는 것이다.

이러한 결과는 주변의 부동산에 영향을 주고, 다시 파도를 타듯이 넓은 지역으로 확산한다. 마치 잔잔한 연못에 돌멩이를 던지면 동심원을 그리면서 파문이 퍼지듯이 말이다. 맨 처음 시작된 진원지에서 퍼져나가다가 다시 원점에서 돌아와 등락을 반복하는 것도 비슷한 패턴으로 반복된다. 때로는 일정한 지역이나 품목에 대한 해제나 압박이 있을 경우, 이를 피할 수 있는 지역으로 번지기도 한다.

정부 당국은 돌아가는 사태를 봐 가면서 대책을 내놓는 것이 정해진 수순일 것이다. 과열되면 진정책을, 냉각되면 부양책을 발표할 것이다. 이에 대해 즉각 언론이 반응한다. 언론의 반응은 곧 여론이라고 할 수 있는데, 검증 없이 이것을 진정한 여론으로 볼 수 있느냐가 문제다. 가계 부문에서도 무주택자와 유주택자가 다를 것이고, 부동산 보유량이 많은 쪽과 적은 쪽의 셈법이 다를 것이다.

언론이 건설사 편에 서서 논조를 펼친다든지, 가격 변동이 일어나는 원인과 결과를 과장하거나 축소해서 보도하면 부작용도 만만치 않다. 언론 스스로 실컷 부동산 상승론에 불을 지피다가, 폭등 장세가 오면 정부를 탓하고 거품을 제거해야 한다고 떠든다. 그러다가 폭락장이 도래하면 하락에 대한 책임을 또다시 정부에게 뒤집어씌운다.

규제 대책이든 완화 대책이든 언론의 역할이 크다고 생각한다. 편파적인 부동산 전문가의 말을 끌어오거나, 출처가 불분명한 자료를 인용하거나, 조작된 통계를 내밀어서 그럴싸하게 포장하는 경우도 허다하다. 공정한 보도는 독자들에게 즉, 국민들에게 올바른 판단을 하도록 소스를 제공하는 것이라고 본다. 쌀이 좋아야 밥도 좋은 법이다.

　언론은 중립적인 위치에서 바라보고 냉정한 심판자의 역할을 해야 하는데 제대로 기능을 하고 있는지 묻고 싶다. 입맛에 맞는 기사에만 지면을 할애하고, 정책이나 대책의 효과를 보도하는 데에는 인색하다. 대안 없는 비난과 비판은 시장의 혼란만 가중하고 애꿎은 약자만 피해를 볼 것이다.

어느 식당에 들어온 변호사 두 명이 맥주 두 잔을 주문했다.

그리고 각자 가방에서 샌드위치를 꺼내 먹기 시작했다.

이 행동을 보고 잔뜩 화가 난 식당 주인은 다가가서,

"여기서는 자기가 가지고 온 음식을 먹어서는 안 됩니다!"라고

했다.

두 변호사는 서로를 바라보더니 어깨를 으쓱하고 나서

샌드위치를 서로 바꾸어 먹기 시작했다.

부동산 규제 대책이 나오면 '대책에 대비하는 대책' 또는 '대책의 틈새를 공략하는 법'이 전문가들 사이에서 또는 재야의 고수들 사이에서 나오기 시작한다. 세금 회피하기, 절세하는 방법, 규제가 덜한 지역 분석, 수익이 날 수 있는 품목 찾기 등 대단한 실력을 보

여준다. 무릎을 치게 만드는 묘안과 꼼수가 속출한다.

완화 대책이 나오면 규제 대책에 비하여 상대적으로 조용하다. 이때는 침체기에 빠져들어 사람들의 관심이 적은데다, 가격이 하락하는 부동산에 투자하라고 말하기가 쉽지 않기 때문이다. 하락기에 매수를 추천했다가 더 떨어지면 괜히 욕만 먹기 십상일 것이다.

일반인들도 아전인수 격으로 자신에게 유리한 방향으로 정책을 해석하면, 우스운 사태가 많이 벌어진다. 부동산에 대한 세금이 올라가면 가난한 사람은 부자들이 세금을 많이 낸다고 후련하게 생각한다. 그런데 얼마 지나지 않아 부자들은 가난한 사람에게 돈을 걷어 세금을 납부하는 행태를 반복한다.

각설하고, 필자가 본 꼼수 하나가 생각난다. 주택임대사업자는 자신의 임대사업용 주택에서 거주하면 안 된다. 그런데 이와 비슷한 사정이 있는 주택임대사업자끼리 서로 임대차 계약을 맺는다. 그리고 각자의 집에 산다. 이렇게 하면 주택임대사업자를 낸 자신의 집에서 살아도 혜택은 고스란히 받을 수 있다.

다시 정리해 보겠다. 각각 주택임대사업자를 가진 A라는 사람이 501호를 가지고 있고, B라는 사람은 603호를 가지고 있다고 가정해 보자. A는 B와 임대차 계약을 해서 603호의 임차인이 된다. 마찬가지로 B는 A와 임대차 계약을 해서 501호의 임차인이 된다. 이렇게 외부적으로 봤을 때 임대를 놓은 것처럼 해놓는다. 그리고 A는 자기 집 501호에 살고, B는 자기 집 603호에 산다. 이렇게 하면 적발하기가 어렵다.

이와 유사한 방법이 또 있다. 전세자금 대출 규제가 별로 없었을 때 비슷한 꼼수를 썼다. 소유자끼리 짜고 임대차 계약을 맺은 다음 전세자금 대출을 받는다. 주소만 옮기고 실제로는 각자 소유의 주택에서 거주한다. 대출받은 보증금은 다른 투자금으로 둔갑해서 시중에 떠돈다.

09 | 경매장에서 **부동산 투자의 한 가지 방법**

경매가 한창인 경매장에서 갑자기 경매인이 긴급하게 마이크를 잡고 말했다.

경매인 : 조금 전 어느 손님께서 현금 2백만 원이 든 지갑을 잃어 버렸다고 합니다.

사람들 : 웅성웅성

경매인 : 돌려주시는 분에게 2십만 원을 사례비로 드린다고 합 니다.

사람들 : 침묵.... 조용....

그때 사람들 속에서 누군가 큰 목소리로 외쳤다.

"3십만 원"

부동산 투자를 시작하고 책을 보거나 강의를 듣다 보면, 자연스럽게 연결되는 것이 '부동산 경매'다. 서점에 가 봐도 경매 관련서가 눈에 띄게 많다. 투자에 앞서 법률적인 부분이나 물건에 대한 하자 등에 대해 공부하는 것이 순서일 것이다. 부동산에 대한 기본 지식도 없이 무작정 뛰어드는 사람은 없을 것이기 때문이다. 일반적으로 투자자들이 이론과 실전을 배우는 방법에 대해 살펴보기로 하자.

보통 사람들이 부동산 공부하는 방법으로는 '책'을 우선적으로 꼽을 수 있다. 부동산 투자 전반에 대한 내용을 기술한 것, 청약, 재건축·재개발, 분양권, 경매 등 다양한 종류의 책을 통하여 내공을 쌓는 사람이 많이 있을 줄 안다. 또 경제신문이나 일간신문, 잡지 등을 통하여 실력을 기르는 사람들도 봤다. 이론 공부하면서 '공인중개사' 시험을 치르는 경우도 종종 목격했다.

강의를 통해서도 내공을 쌓을 것이다. 최근에는 유튜브 동영상을 보기도 하고, 오프라인의 저자 직강이나 전문 부동산 강사 등의 강의를 통하기도 한다. 유료나 무료 할 것 없이 부지런히 참석하다 보면 실력이 하루가 다르게 늘어날 것이다. 강의 중에서 역시 경매 강의가 월등히 많고, 투자에 대한 기본 실력을 길러주는 강의, 구체적으로 어느 지역이나 물건 종류를 찍어주는 강의 등 다양하다. 물론 강의료도 다르다.

투자함에 있어 아무리 공부를 많이 하고 내공을 쌓더라도 결국 '실행'이 없으면 얻는 것이 없다. 즉, 부동산을 '사고팔아야 한다.'라는 것이다. 물론 타이밍이 좋지 않아 매수를 포기하거나 보류를 할 때도 발생할 것이다. 그런데 현재까지 우리나라 부동산 시장에서 승자는 '매수한 사람'이었다. 부지런히 내공과 실력을 쌓고 최종적으로 '실행력'을 길러야 한다.

필자도 부동산 투자를 하면서 여러 가지 공부를 해 보았다. 그중에서 '경매' 부분이 어렵기도 하고 재미있기도 했던 것 같다. 법률적인 지식도 필요했고 낙찰부터 명도, 매각에 이르기까지 쉬운 점이 별로 없었다. 경매를 몇 년 경험하다 보니 부동산에 관한 전반적인 실력이 크게 성장했음을 느낄 수 있었다.

10 | 약한 자의 비애
부동산에 관련된 세금

　가벼운 교통위반으로 출석명령을 받은 한 남자가 직장에 하루 휴가를 내고 법원에 갔다.

　오랫동안 차례가 오기를 기다리면서 그는 초조해졌다.

　마침내 오후 늦게서야 그의 이름이 호명됐지만, 판사는 오늘 재판은 끝났다고 하면서 내일 다시 오라고 했다.

　"이런, 제기랄!" 하고 그는 판사에게 한마디 날렸다.

　"법정 모독으로 20달러 과태료에 처하겠소."

　판사가 망치를 두드렸다.

　하지만 남자가 지갑을 꺼내 돈을 세는 모습을 본 판사는 마음이 누그러져 "괜찮아요, 돈은 지금 내지 않아도 됩니다."라고 말했다.

　그러자 남자가 대꾸했다.

　"몇 마디 더 해도 될 만큼 돈이 있는지 세어보는 것뿐입니다."

자신에게 세금이 부과되는 것을 좋아할 사람은 없다. 물론 국민이 일정한 세금을 내는 것에 불만은 없고, 의무를 이행하는 것에 자부심을 느낄 때도 있다. 하지만 평상시 내는 세금이 적절한지에 대한 의심이 가끔 들 때가 있다. 숨만 쉬어도 한 달에 지출이 되는 일정한 금액이 부담스럽다. 공식적인 세금을 제외하고 준조세와 생활에 필수적인 지출에도 소리 없이 붙어 있는 것을 보면 무서운 느낌이 들 때도 있다.

　부동산에 대한 세금도 마찬가지다. 취득과 보유, 처분에 이르기까지 각종 세금이 따라다닌다. 그중에는 투기 방지의 목적이 있는 것도 있고, 단순히 보유량이 많다는 이유만으로 내는 것도 있다. 또 부동산 보유에 따른 부가적인 지출이나 건강보험 등의 부담액이 증가한다. 이중 삼중으로 과세가 된다. 좋은 현상은 아닌 것 같다.

　1주택 보유자에 대한 과세도 논란이 많다. 강남 집값이 폭등할 때 등장하는 단골 메뉴는 '집 한 채 가지고 있는데 오른 집값에 대한 보유세가 너무 부담스럽다.' 라는 것이다. 개인적인 생각이지만 부담스럽다는 말에는 동의한다. 그런데 상승분에 대해 소유자가 고스란히 이익을 챙기는 것은, '수익 있는 곳에 세금이 있어야 한다.' 라는 주장과 충돌한다.

권리 변동이 있을 때 납부하면 그나마 부작용을 최소화할 수 있지 않을까 생각해 본다. 즉, 보유하고 있는 동안에는 세금 납부를 유예하는 것이다. 보유한 주택에서 수익이 나든 안 나든, 일단 세금은 내지 않으면 부담이 없다. 이후 그 주택을 매매, 증여, 상속 시에 일시불로 세금을 납부하도록 하면 된다.

보유세를 나중에 한꺼번에 내게 하는 방식이다. 없는 돈을 만들어 세금을 납부하라고 압박하는 것보다 훨씬 좋을 것이다. 물론 기한 연장에 따른 일정한 이자는 얹어야 형평성에 맞다. 집값 상승분에 대해 일정한 세금도 걷고 소유자에게 부담도 줄이는 효과적인 방법이라고 생각된다.

11 | 깨알 노하우
부동산 관련 정보를 얻으려 중개업소 방문 시

　부동산 중개사무소에 매물을 내놓거나 구하러 갈 때를 제외하고, 특정한 정보나 자신에게 필요한 내용을 문의하러 가는 경우가 있을 것이다. 이때 빈손으로 가지 말고 가급적 간단한 음료수라도 들고 가는 것이 좋다. 대표적으로 비타500, 박카스, 홍삼음료, 주스, 커피믹스 등이 있다. 1~2만 원 이내라면 부담이 없다.

　어느 정도 안면이 있는 중개사무소라고 해도 가끔은 녹차 1박스라도 갖다줘라. 물론 직접적인 수익을 안겨주거나 중요한 정보를 받았다면 별도의 사례도 괜찮다. 현금을 받지 않는다면 필요한 물품은 없는지 직접 물어봐서 사 주는 것도 하나의 방법이 될 것이다. 자신에게 수천만 원, 수억 원의 이익이나 손해를 막아주는 정보를 얻으려면 대가를 지불해야 한다.

빈손으로 중개업소에 들어가서 상담하는 것과 간단한 선물을 들고 가서 상담하는 것은 차이가 크다. 중개업소에서 가장 싫어하는 사람이 '정보만 빼가려는 손님'이거나 '물어만 보는 손님'이기 때문이다. 그래서 뭔가 얻으려면 이쪽에서 먼저 작은 것이라도 주어야 한다. 그다음에 용건을 명확히 말하면 최소한 거짓 정보는 주지 않는다.

상담할 때에도 빙빙 돌리지 말고 솔직하게 말하는 것이 예의다. 때로는 제대로 된 상담을 못 받을 수 있고, 불친절한 중개사무소를 만날 수도 있다. 하지만 정확한 상담을 위해서라면 몇 번 거절당하더라도 톡 까놓고 얘기하는 것이 좋다. 또 상담만 할 때는 너무 오래 끌지 않는 것도 영업하는 상대방을 배려하는 일이다.

부동산은 독자적으로
움직이는 것이 아니고 경제 전체의 흐름과
그 궤를 같이 한다. 경기가 침체하거나
활황세를 보이면 대개 부동산 시장도
이와 같은 모습을 띠게 된다.

각자의 선택보다는 외부 변수로 인해 가격이 변동되는 것이 부동산 아닌가.
그런데 개인에게 끝없는 선택을 강요하는 것이 부동산이다.

Chapter 05

행동 경제학도
울고 가는
투자 심리학

01 | 할부 선물
투자자의 속마음

아버지가 여자친구와 헤어진 아들을 위로했다.

"얘야, 시간이 모든 것을 해결해 준다. 한 달만 지나면 완전히 잊게 될 거다."

그러자 아들이 침울하게 말했다.

"그렇게 되지는 않을 거예요.

그 애에게 사준 선물을 모두 12개월 할부로 긁었거든요."

부동산 투자자는 부동산을 잊을 수가 없다. 자기 자본이 들어갔으니 자나 깨나 오로지 오르기만 바라고 있을 것이다. 금이든 채권이든 선물이든 뭐가 되었든 같은 생각일 것이고, 주식 투자자도 마찬가지일 것이다. 부동산 투자자의 부동산에 대한 사랑은 아무도 못 말린다. 특히 이익을 거둔 투자자에게는 애인보다 더 좋아 보일 것이다.

사랑이 변할 확률이 높듯 부동산도 언제 배신할지 알 수 없다. 한국에서 부자가 되는 가장 빠른 방법은 '부동산 투자'라고 믿었던 사람들에게 느닷없이 '부동산의 역습'이 시작될지 아무도 모른다. 과거 두 번의 큰 사건 'IMF 구제금융 사태(1998)와 금융위기(2008)'를 겪어 본 이들에게는 공감이 되는 말일 것이다.

앞으로 이와 비슷한 사건이 다시 일어날 수 있는 개연성이 충분하다. '부동산 불패' 신화가 깨질 가능성도 점점 커지고 있다. 2020년의 코로나19 사태와 팬데믹을 누가 예상이나 했겠는가. 세계적인 불황에 부동산이라고 버텨낼 재간이 있을 리 만무하다.

부동산 투자자 입장에서는 지금까지 '역시 부동산'이라고 할 정도로 투자 수익을 올린 사람들이 많았다. 투자 손실이 있거나 적은 수익을 냈을지언정 '그래도 부동산'이라는 생각을 하는 사람들도 다수 존재한다. 또한 주식이나 비트코인 등에서 손실을 본 사람들을 바라보는 부동산 투자자는 '결론은 부동산'이라는 확신이 설 수도 있다.

미래의 부동산 시장은 '그러나'의 시대가 올지도 모르겠다. 한계치에 도달한 경제 성장률을 시작으로 인구의 감소, 노인 인구의 증가, 청년 실업률 증가 등 시장에 좋은 소식은 별로 없어 보인다. 게다가 부동산에 대한 투기를 억제하는 정부를 만나면 한동안 숨죽이고 있어야 한다. 부동산 규제를 완화해 주는 정부를 만난다고 해서 투자 수익이 보장되는 것도 아니다.

부동산 투자자 입장에서는 '배운 게 도둑질'이라는 말처럼 다른 투자처를 찾기가 쉽지 않다. 저금리 시대에 마땅히 유동자금이 갈 곳이 없다. 주식이나 채권, 금 등에 돈을 옮기기도 불안하다. 국가에서 노후자금이나 실업 대책을 세워주지 않는데 각자도생의 길을 걸어야 하지 않느냐고 항변한다. '믿을 것은 부동산밖에 없다.' 라든지 '마땅한 재테크 투자 수단이 없다.' 라는 말에 정부 당국자는 귀를 기울여야 할 것이다.

02 | 기발한 아이디어
집값 올리는 데 수단과 방법을 가리지 않는다

장사가 잘 안되는 음식점 주인이 홍보회사에 컨설팅을 부탁했다.
홍보회사 직원은 주인에게 음식점의 특징을 물었다.
"그런 건 없는데요…."
막막한 직원은 동네의 특징이라도 알려달라고 했다.
그러자 주인은 우물쭈물 대답했다.
"음식 맛도 특별한 게 없고, 동네도 평범해요
아, 여기 사거리에서 교통사고가 자주 발생합니다."
며칠 후 홍보회사에서 새 간판이 도착했다.
'교통사고 제일 잘 보이는 집'

집값 담합에 대한 이야기를 풀어보자. 입주민들은 자기 집값을
올리려고 별별 수단과 방법을 가리지 않는다. 남들 나무랄 것 없다.

너나 나나 마찬가지다. 단지 규모가 커서, 평면이 잘 빠져서, 주변 환경이 좋아서 등은 기본이다. 다양한 신조어도 등장했다. 분양을 촉진하기 위해 건설사에서 만들었든, 주변에 거주하는 입주민이 만들었든 잘도 가져다 붙인다.

역세권에서 따온 학세권(학교), 몰세권(mall), 숲세권, 공세권(공원), 골세권(골프장), 스세권(스타벅스), 맥세권(맥도날드), 올세권(올리브영), 편세권(편의점), 슬세권(슬리퍼 신고 다닐 수 있는 편의시설), 옆세권(핫플레이스 옆동네), 욕세권(비난을 받아 집값 상승) 등 셀 수 없이 많다. 여기에 초품아(초등학교 품은 아파트), 중품아, 고품아 등 가지각색의 복합어도 있다.

역시 사람은 돈을 버는 데는 뛰어난 창의성을 발휘한다. 집값 올리는 데 이 정도 아이디어야 뚝딱 나온다. 바늘만한 이유라도 있으면 몽둥이 같이 부풀린다. 뭐든 터럭만한 빌미라도 있으면 집값을 올리는 데 써먹는다. 그러나 내가 집을 살 때를 생각해 보자. 거품 낀 가격은 10원도 인정하지 않았던 그때를 잊었는가. 집값 올리기에 앞장선다면 사는 쪽을 생각해 보고 객관적인 눈으로 바라보자. 쉽지 않겠지만 말이다.

집값 담합에 대해 애교로 봐줄 수 있는 범위를 넘어서면 위험하다. 법이 바뀌어 자칫 처벌을 받을 수 있다. 때로는 매도 의사도 없으면서 단지의 가치를 높인다는 명목으로, 집값을 부풀려 중개업소에 의뢰하기도 하는데 좋은 현상은 아니다. 위법 사항에 대해서는 조심하는 것이 건강에 이롭다.

03 허를 찌르다
창의적인 발상이 필요한 부동산 투자

어느 날 폴란드에서 한 섹시한 아가씨가 오토바이를 타고 독일 국경을 넘어가려 했다.

경비원은 밀수가 성행하고 있다는 정보가 있어 그녀의 배낭을 철저하게 조사했다.

하지만 그녀의 배낭엔 특별한 것이 없었다.

같은 방법으로 수도 없이 그녀는 국경을 넘나들었지만 아무런 혐의점을 찾을 수가 없었다.

그러던 어느 날, 경비원은 시내 술집에서 그 아가씨를 우연히 만났다.

"어차피 끝난 일이니 사실대로 얘기하지 그래. 뭔가 밀수한 것이 틀림없지?"

"물론이지, 한 번에 하나씩만"

"역시 내 추측이 맞았군. 도대체 밀수품이 뭐지?"

경비원의 질문에 그녀는 웃으며 말했다.

"오토바이"

같은 부동산이라고 해도 어떻게 이용하느냐에 따라 큰 차이가 있다. 건물은 어떻게 내부와 외부를 꾸미느냐에 따라 매매가격의 차이가 크다. 수익률이나 입점 업체가 중요한 부분을 차지하는 상가를 보더라도 어떤 업종, 어떤 브랜드를 넣느냐에 따라 평가액이 달라진다. 일명 MD[6] 구성을 잘하면 폼도 나고 수익률도 좋아, 매도시 높은 가격을 받을 수 있다.

[6] Merchan Dising의 약자. 상가 분양과 임대에서 주로 사용하는 말. 각 층이나 호별로 매장을 나누고 업종 등을 구성하는 것.

부동산에 대한 규제책이든 부양책이든 정책에 관련된 것도 마찬가지다. 새로운 법률을 만들든 기존 법률을 개정하든 틈새는 있기 마련이다. 이를 분석해서 투자에 유리한 방향을 선점하는 것에서도 창의성이 필요하다. 남들이 못 보는 지역, 남들이 지나친 품목, 남들이 생각하지 못한 방법으로 수익을 내고, 절세하는 방법을 연구하자. 투자의 새로운 길을 개척할 수 있을 것이다.

최근에는 구분 상가를 분양받은 후 소유자가 직접 점포를 운영하는 경우도 늘어났다. 과거와 같이 월세를 받아 임대수익을 올리기도 하지만, 이를 뛰어넘어 직접 운영을 함으로써 상가의 수익을 더 올리는 것이다. 인건비까지 절약하기 위하여 무인점포 형태의 매장을 차리기도 한다. 이 또한 부동산 투자에서 새로운 아이디어를 응용한 예라고 본다.

04 | 운명 상담
철학관이나 점집을 찾는 사람들

질문 : 안녕하세요? 저는 45세의 복부인입니다.

요즘 잠자리가 뒤숭숭하던 차에 꿈을 꾸었는데, 커다란 돈뭉치가 정면으로 달려들어 놀라서 잠을 깼습니다.

아파트를 사면 좋을까요? 아니면 복권을 사는 게 좋을까요?

답변 : 길을 건널 때 현금 수송차를 조심하세요.

부동산을 거래할 때 제대로 팔고 사는지 판단하기가 쉽지 않다. 미래의 일은 단정할 수 없는 것이 사람이기에 당연한 일이다. 불확실성이 있기 때문에 '거래의 묘미' 가 생긴다고도 볼 수 있다. 실수를 줄이기 위해 스스로 공부를 한다든지, 전문가나 투자 강사 등에게 자문하기도 할 것이다.

그런데 철학관이나 점집을 다녀온 후 그곳에서 하라는 대로 따르는 사람들이 의외로 있다. 본인 사주에 맞추어 지역이나 물건을 선택하고, 계약일이나 이사 날짜도 무조건 정해준 대로 한다. 어쨌든 개인의 취향이니 말릴 수는 없다. 나름대로 '결정 장애를 극복' 하거나 '검증하는 방법' 으로 나쁘다고만 할 수 없다. 대놓고 사기를 치면서 특정 투자 지역이나 물건으로 유도하지 않는다면 말이다.

필자도 잠시 사주 명리학을 공부한 적이 있는데, 솔직히 말하면 어려워서 포기했다. 한 가지 추가하자면 '믿지 못해서' 도 있다. 사주 명리학을 직접 접해보니 한 가지 확실한 것은 '이렇게 어려운 공부를 제대로 하는 사람들은 드물겠다.' 라는 것이었다. 책을 봐도 어려웠고 저자로부터 오프라인에서 직강을 들었는데도 어려웠다. 그래서 대충 배우고 아는 체하는 사람들을 빗대 '육갑 떤다.' 라는 옛말이 나왔는지도 모르겠다.

같은 괘를 가지고 이를 어떻게 해석하느냐에 따라 결과가 판이한 것도 문제다. 예를 들어, 어떤 사람의 사주를 대입해서 괘가 나왔다고 치자. 나무(木)의 성질에 물(水)을 만났다는 결과를 해석해 보자. 나무에 물을 공급해 주니 나무가 잘 자라고 도움이 된다고 풀이한다(相生). 그러나 다른 해석은 나무에 물이 많아 성장을 방해하고,

물에 떠있는 형상이라 해가 된다고 풀이한다(相剋). 어느 것이 맞는지 분간이 안 된다. 정반대 아닌가. 한쪽은 사라, 한쪽은 팔아라. "니 맘대로 하세요."

대개의 사람은 아전인수격으로 자기한테 유리한 방향으로 해석하고 실행한다. 투자의 결과가 자기 마음대로 되면 얼마나 좋을까. 철학관이나 무당의 점괘로 투자를 결정한다면, 그렇게 실행한 사람들이 모두 성공했어야 한다. 투자 공부나 경험도 가치가 없고 투자이론이나 분석이 필요 없다. 그리고 그 철학관 운영자나 무당은 갑부가 되거나 재벌이 되어 있어야 맞다.

05 | 대통령이 되는 필요충분조건
실행이 답이다

"미합중국 헌법에 따르면 대통령이 되고자 하는 사람은
네 가지 요건을 갖추어야 합니다."

1. 입후보하는 사람은 나이가 최소한 35세는 돼야 합니다.
2. 미국에서 태어난 사람이어야 하고,
3. 적어도 14년간 미국에서 거주해 온 사람이어야 합니다.
"그럼 네 번째로 갖추어야 할 조건은 무엇입니까?"
"선거에서 이겨야죠!"

  부동산 투자에서 성공하려면 수익을 많이 내야 한다. 만약 매수
한 부동산이 손해를 본다면 투자 실패다. 너무도 당연한 말이다. 그
런데 수익을 내려면 어떻게 해야 하는가. 수익을 내려면 일단 부동

산을 사야 한다. 실력이 좋다면 사면서부터 수익을 남기는 물건을 고를 수 있는 능력이 있을 것이다. 대부분은 미래 가치는 정확히 알 수 없다. 어떤 시장이 펼쳐질지 아무도 장담할 수 없다. 예측에도 한계가 있다. 미래를 안다면 무엇인들 못 하겠는가.

투자에 성공하려면 몇 가지를 갖추어야 한다.

첫째, 실력이라고 본다. 내공을 쌓고 제대로 된 능력을 갖춘다면 매수 단계에서 이미 이익을 내고 출발한다고 볼 수 있다. 대표적으로 경매 시장에서 시세보다 싸게 매입하거나 하자 있는 물건을 해결하고 수익을 올리는 방법이 있다. 또 친분이 있는 중개업소로부터 급매물을 소개받을 수도 있을 것이다. 좋은 물건을 선별할 줄 아는 눈을 갖추고 있어야 함은 필수 조건이다.

둘째, 타이밍이라고 본다. 조금 실력이 부족해서 시세대로 다 주고 샀다고 해도, 그 물건의 가격이 오르면 얼마든지 수익을 올릴 수 있다. 그런데 어느 타이밍에서 들어가고 나가야 하는지 제대로 아는 사람은 없다. 그래서 고수가 아니어도 부동산 투자를 할 수 있는 것이 다행인지도 모르겠다. 고수도 실패 확률을 낮출 수는 있을지 언정 100% 정확히 맞출 수 없는 것이 부동산 시장이다.

셋째, 실행력이라고 본다. 적절한 시기에 부동산을 사지 않으면 아무런 이득이 없다. 성과도 없다. 백날 분석해 봐야 필요가 없다. 과정이야 어떻든 부동산을 매수했다면 결국 배짱을 가지고 실행한 것이다. '지르는 능력'은 누구에게 배우기가 참으로 어렵다. 실행력은 결국 스스로 깨우치고, 경험하고 갖추어야 한다.

아래는 위에서 말한 실력, 타이밍, 실행력을 점수화해서 투자 성공률을 예측한 표이다. 정확한 데이터를 가지고 작성한 것은 아니다. 개인적인 의견을 제시한 것이니 정확히 들어맞지는 않을 것이다. 단순 참고용으로 보기 바란다. 만약 자신에게 중요하다고 생각하는 부분의 배점을 높이면, 개별적으로 좀 더 정확한 점수가 산출될 것이다. 부동산을 매수하지 않은 경우는 제외했다.

<투자 요소와 성공률 예측>

투자자 요소	가	나	다	A	B	C
실력	40	40	40	10	10	10
타이밍	40	0	장기보유	40	0	장기보유
실행력	20	20	20	20	20	20
운(運)	+	+	+	+	+	+
성공률(%)	100	60	60 (↑)	70	30	30 (↑)

일단 운에 대해서는 제외했다. 운만 좋으면 100%가 200%가 될

수도 있고, 마이너스나 낮은 확률이 100% 성공할 가능성도 있을 것이다. 단순히 운만 믿고 투자하기에는 무리다. 너무 위험하기도 하고 무모하다. 플러스알파 정도로 생각하면 좋을 것 같다.

실력은 남의 실력에 편승해도 된다고 본다. 인맥이나 전문가를 통하는 것도 실력이다. 타이밍은 살 때 기본적인 분석을 하면 어느 정도 꼭짓점을 피할 수 있다고 본다. 꼭짓점을 피했어도 추가로 하락한다면, 다시 오르기를 기다리면서 장기 보유로 위험을 줄일 수 있는 것으로 계산했다. 실행력에 대해서는 어떤 부동산을 실제로 샀다고 가정해서 모두 같은 점수로 계산했다.

가, 나, 다는 실력을 갖춘 경우다. A, B, C는 실력이 부족하거나 잘 모르고 투자한 경우다.

① '가'의 경우 최상이다. 실력을 갖추었는데 타이밍까지 맞춰 매수했다면 무조건 투자에 성공한다고 볼 수 있을 것이다. 매도 타이밍을 잘 선택한다면 최고의 수익률을 얻게 될 것이다.

② '나'의 경우 이익도 적고 손해도 적을 것이다. 비교 우위의 물건을 골랐다면 손실을 줄인 것으로 계산한다. 실력이 있더라도 시

기를 잘못 선택하면 큰 수익을 내기 어렵다는 것이 직감적인 계산으로도 보인다.

③ '다' 의 경우 보유 기간을 늘려 상승 시기를 기다리는 투자법이다. 비록 보합이나 하락 시기에 매수를 했더라도 수익이 날 때까지 버티는 것이다.

④ 'A' 의 경우 기본 수익은 나올 것이다. 실력이 부족하더라도 시기를 잘 선택하면 최소한 평타는 친다는 결과다. '고수의 안 좋은 타이밍' 보다 수익이 높을 것으로 예상한다. 물론 개인적인 생각이다.

⑤ 'B' 의 경우 손해 볼 확률이 높다. 실력이 부족한데 시기도 잘못 선택하면 불을 보듯 뻔한 결과다. 흔히 말하는 '폭망' 이다. '아기 업은 새댁이 경매 법원에서 보일 때' 매수 타이밍을 잡으면 이러한 결과가 나타날 수 있다.

⑥ 'C' 의 경우 보유 기간을 늘려 손해를 어느 정도 줄이는 방법이다. 상승 시기를 기다려 손해를 만회하는 것이다. 다만 자금력이 없으면 버티기 힘들다. 대부분의 투자자가 오래 견디기 어려울 것

으로 예상된다.

위 6가지의 경우를 보더라도 실력이 부족하면 부동산 투자에서 성공하기가 만만치 않음을 알 수 있다. 물론 정확한 데이터가 없음을 재차 밝히지만 막연하게나마 추정은 해볼 수 있는 내용이다.

여기서 한 가지 주목할 점이 있다. 장기보유에 따른 이자 비용 등도 계산해야 한다는 것이다. 만약 이자나 보유 비용을 감당할 능력이 안 되면 중간에 손해를 보더라도 매각해야 할 것이다. 이것만 보더라도 부동산 투자는 자금력이 되는 부자가 상당히 유리한 게임이라는 것이 드러난다. 실력이 있든 없든 시기 선택을 잘했든 못 했든, 일단 사두면 된다. 그리고 장기 보유하면서 상승하는 때를 기다리기만 하면 되기 때문이다.

06 | 허세 작렬
투자의 적

　어느 날 담임 선생님이 만득이가 제출한 가정환경 조사서를 읽어보고 고개를 갸우뚱거렸다.

　선생님 : 만득아, 아버님이 선장이시니?
　만득이 : 아닌데요.
　선생님 : 그럼 어부시니?
　만득이 : 아닌데요.
　선생님 : 그런데 아버지 직업을 왜 수산업이라고 썼니?
　그러자 만득이는 눈을 지그시 감고 말했다.
　만득이 : 저희 아버지는 학교 앞에서 붕어빵을 구우시거든요.

　필자는 부동산 관련업에 뛰어든 지 25년이 넘었다. 부동산 중개,

경매, 투자 등 다양한 분야를 거쳤다. 분양도 잠깐 경험한 적이 있다. 그런데 일부이긴 하지만 손님들이나 주변의 동료들에게서 듣는 소리가 있다. 물론 개인차가 심해서 일반화시킬 수는 없지만 '과장된 언사'는 단골 메뉴에 속한다.

"왕년에 내가 말이야.", "나 때는 말이야."라는 고정 멘트는 기본이다. 중간은 안 들어봐도 안다. 화려한 경력과 무용담은 하늘과 땅의 이치를 다하고, 세계 경제를 들었다 놨다 한다. 마지막 마무리는 "그래서 내가 어쩔 수 없이 이렇게 되었다."라든지 "이번에는 저렴한 것으로 하고, 금액이 높은 것은 나중에 하겠다."라는 말로 끝맺는다.

허세와 허풍은 그만 부리자. 실제로 본인이 세계를 호령했다손 치더라도 현재 가진 것이 없으면 그에 걸맞게 행동하면 된다. 과거에 돈을 많이 벌었든, 국가를 지휘했든 지난 일이다. 자랑한다고 도움 되는 일은 없다. 듣는 사람은 귀만 아프고 졸릴 뿐이다.

매매든 임대든 마찬가지다. 구하는 입장이라면 솔직하게 말해야 거기에 맞는 정확한 매물을 브리핑 받고 선택할 수 있다. 허풍을 섞었다가 괜히 부담스러운 물건을 보면 결정을 못 하거나, 무리하게 계약했다가 뜻하지 않은 손해를 볼 수 있다. 소유자 입장이라면 솔직하게 말해야 적정한 손님을 찾을 것이다. 허풍과 거품 낀 가격에 매물을 의뢰했다가 괜히 손님 한 명 구경도 못 하고 시간만 허비하는 손해를 볼 수 있다.

부동산을 거래할 때에는 허세를 부리지 말고 정확한 금액을 얘기해야 한다. 분양하는 입장이든 중개하는 입장이든 손님을 무시하거나, 맞지도 않는 물건을 강요하지 않는다. 보유 자금이 많든 적든 상관없다. 거기에 맞는 물건을 찾아주는 입장이기 때문이다. 공연히 허세를 부리다가 낭패를 보는 일이 없어야 할 것이다.

07 | 갑돌이와 갑순이
실행력이 필요한 부동산 투자

문제 : 갑돌이와 갑순이가 결혼하지 못한 진짜 이유는?

연식이 좀 됐지만, 난센스 퀴즈로 70~80년대에 유행했던 문제다.

정답은?

둘이 동성동본이라서.

아니다. 위의 정답은 우스갯소리이고 엄밀히 따지면 한국에 '갑' 씨 성은 없다. 2015년 인구 주택 총조사 전수 부문에 따르면 대한민국의 성씨는 귀화인까지 합하여 총 5,582개로 나타난다. 그 중에 '갑' 씨는 없다. 또한 동성동본이어도 둘이 좋아한다면 결혼 못 할 바는 아니다. 사랑에는 국경도 없고, 부모 말도 가볍게 어기는 판에 성씨가 같다고 헤어질 남녀는 드물 것이다.

여기서 '갑돌이'와 '갑순이'는 흔히 쓰는 '선남선녀', '장삼이사', '갑남을녀'처럼 평범한 남녀를 말한다고 봐야 한다. 즉, 갑씨 성을 가진 '돌이'와 갑씨 성을 가진 '순이'가 아닌, '김갑돌'과 '이갑순' 정도로 보는 것이 타당하다. 동성동본이 아닌 성씨가 다른 남이다. 둘이 결혼하는 데 아무런 문제가 없다. 즉, 둘이 맺어지지 못한 이유는 노랫말에 있다.

~ 그러나 둘이는 마음뿐이래요. 겉으로는 음~ 모르는 척했더래요.
~ 갑순이 마음은 갑돌이뿐이래요. 겉으로는 음~ 안 그런 척했더래요.
~ 갑돌이 마음은 갑순이뿐이래요. 겉으로는 음~ 고까짓 것 했더래요.

부동산 투자를 대하는 태도에 있어서 '갑돌이, 갑순이' 마음으로는 결코 성공하지 못한다. 네 가지 자세는 투자의 적이다. '마음뿐, 모르는 척, 안 그런 척, 고까짓 것' 하면 안 된다는 것이다. 부동산이 좋으면 적극적으로 구애를 해야 한다. 그래야 부동산과 맺어진다.

첫째, '마음만' 있으면 안 된다. 행동해야 한다. 투자에 있어서 실행력이 뒤따르지 않으면 아무리 이론에 정통한 전문가라 하여도 반쪽짜리다. 아니다 모르는 것과 같다.

둘째, '모르는 척' 하면 안 된다. 관심을 보여야 한다. 열심히 공부하고 모르는 것은 알려고 노력해야 한다.

셋째, '안 그런 척' 하면 안 된다. 적극적으로 나서야 한다. 주변에서 투자에 성공한 사람이 있으면 구경만 하지 말고, 적극적으로 다가가서 노하우를 배우고 따라 해야 한다.

넷째, '고까짓 것' 하면 안 된다. 투자에 직접 참여해 보면 얼마나 어려운지 알 것이다. 투기라고 애써 외면하지 마라. 직접 해보면 중노동이고 절대 쉽지 않은 일이다. 냉소적인 태도로는 투자에 성공하기 어렵다.

08 도박꾼 남편
부동산의 매수, 보유, 처분

친구끼리 도박을 하다가 큰돈을 잃은 한 친구가 심장마비로 죽고
말았다.

친구들은 앙칼진 그의 부인에게 알려야겠는데 어떻게 말해야 할
지 난감했다.

우선 그 집에 전화를 걸었다.

"아주머니, 남편이 어제 도박을 하다가 큰돈을 몽땅 잃었습니
다."

"으이구, 나가 뒈지라고 해요!!"

"네, 그렇지 않아도 소원대로 됐습니다."

자신이 보유하던 부동산을 처분하려고 하면 미련이 조금이라도
남는 것이 사람 마음일 것이다. 주택에서 자주 나타나는 현상인데,

특히 살던 집을 팔려고 내놓았다면 미련을 쉽게 버리지 못한다. 막상 손님이 계약하자고 하면 망설이는 경우도 있고, 계약하고 나서도 '영 서운하다'는 사람들이 있다. 몇 년 살다 보니 정이 든 탓도 있으리라. 물론 가격도 오르지 않고 보유 기간 내내 돈만 잡아먹은 것은 예외겠지만 말이다.

부동산 투자라는 것은 일면 도박과 비슷하다. 불확실한 상태에서 미래의 수익을 바라보고 현재의 확실한 자금을 투입하는 것 아닌가. 더 큰 이익을 노리고 그보다 적은 금액을 넣는다. 내 돈도 걸면서 남의 돈을 따려는 도박과 닮았지 않은가. 상대의 패를 읽는 것이나 시장의 흐름을 분석하는 것이나 비슷하다. 언제 얼마를 베팅을 해야 돈을 딸 수 있는지도 차이가 없어 보인다. 불법적인 것만 빼고.

도박을 하든 게임을 하든 늘 이길 수는 없는 노릇이다. 이와 마찬가지로 부동산 투자에 있어 항상 양호한 성적을 내는 것은 어렵다. 수익을 거두었다 하더라도 많고 적음의 차이는 반드시 있을 것이다. 손해가 발생했을 때 어려움을 헤쳐 나가는 것, 현명하게 대처하는 것도 이어지는 투자에 보약으로 작용하리라 생각한다.

적절한 타이밍에 들어가고 나가는 것, 이것을 제대로 실행하는 것이 고수의 실력 아니겠는가. 목표 수익률이나 목표 수익 금액에 도달하면 과감하게 던지는 것도 필요하다. 상승기에 너무 욕심을 내서 머리 꼭대기에 팔려고 하거나, 하락기에 발바닥까지 떨어지기를 기다려 사려고 하면 성공률이 낮아진다. '고수는 판돈을 전부 따려하지 않고, 어느 정도 남겨두고 일어난다.' 라는 도박 격언이 부동산 투자에서도 필요하다.

09 | 슬픔, 분노, 쇼킹
투자자의 심경 변화

　슬픔 : 차 창문이 열려 있는 줄 알고 담배꽁초를 던졌는데 다시 들어올 때

　분노 : 담배꽁초가 떨어져 내 바지를 태우고 있을 때

　쇼킹 : 너무 뜨거워 핸들을 놓쳐 가로수를 들이받을 때

부동산과 관련되었을 때는 어떨까.

　슬픔 : 샀는데 떨어질 때

　분노 : 떨어지는데 이자, 관리비, 보유세 낼 때

　쇼킹 : 본전도 못 건지고 팔았는데 폭등할 때

　슬픔 : 팔았는데 오를 때

분노 : 오르는데 못 사고 구경만 했을 때

쇼킹 : 30년째 무주택일 때

　각 개인이 처한 상황에 따라 부동산을 다르게 볼 수밖에 없다. 보유한 부동산의 가격이 오르락내리락 하는 것에 마음과 몸이 움직이는 것은 어찌할 수 없는 노릇이다. 보유한 부동산이 없어도 마찬가지다. 못 사서 후회하기도 하고 안 사서 후회하기도 할 것이다. 각자의 선택보다는 외부 변수로 인해 가격이 변동되는 것이 부동산 아닌가. 그런데 개인에게 끝없는 선택을 강요하는 것이 부동산이다.

　오르기를 염원하면서 샀는데 떨어지거나, 내릴 것 같아서 팔았는데 오르거나 하는 것은 개인이 마음대로 선택할 수 없는 사안이다. 미래를 정확히 예측하고 판단하는 것은 인간의 능력으로 불가능에 가깝기 때문이다. 부동산을 거래하는 사람들은 저마다의 이익을 바라보고 결정을 할 것이다. 그것이 본인에게 진정한 이익인지 손해인지 판가름하는 것은 시간이 열쇠를 쥐고 있다.

　슬픔, 분노, 쇼킹의 감정부터 기쁨, 환희, 행복까지 모든 것은 시간이 지나 봐야 결과가 나온다. 투자를 결정하기까지 실력과 경험을 쌓고 실행하였는데, 그것으로 끝이 아니라니 불행인가 다행인가. '부동산 투자는 타이밍' 이라는 말이 지나친 과장은 아닌 듯하다. 시간은 때때로 고수와 초보 모두에게 겸손과 인내를 가르치는 스승이 된다.

10 | 자동판매기
내 마음대로 결과가 나오는 것이 아니다

자판기는 종류가 다양하다.

대표적으로 커피, 음료, 인형 자판기 등등.

문제 : 총각이 가장 좋아하는 자판기는?

답변 : 천 원을 넣으면 예쁜 아가씨가 나오는 자판기

문제 : 유부남이 가장 좋아하는 자판기는?

답변 : 마누라를 넣으면 돈 만 원이 나오는 자판기

이 이야기를 전해 들은 부인이 하는 말,

"이런, 고물상에 10원을 받고 팔아도 시원찮을 남자 같으니..."

부동산 투자자는 무엇을 사든 올라서 수익이 나오기를 기대할 것이다. 두말하면 잔소리다. 모든 투자자가 내 뜻대로 되기를 원하겠지만 세상일이 그렇게 만만한가. 투자는 자판기처럼 1,000원을 넣으면 1,000원짜리 상품이 나오는 것이 아니다. 때로는 1 더하기 1이 2가 아니고 3이나 4가 될 수도 있다. 혹은 제로가 되거나 마이너스가 될 수도 있는 것이 투자의 세계다.

전통적인 투자 판단의 3요소로 안전성, 수익성, 환금성을 든다. 그런데 부동산 투자에 있어 3가지 모두에게 가장 영향을 미치는 요인이 '정부 정책'이 아닐까 생각해 본다. 규제책이 시행되면 가격 하락이 예상되니 수익성이 떨어질 것이고, 떨어지는 매물은 팔기 힘드니 환금성이 낮아지고, 결국 안전하고 안정적이라고 믿은 원금마저 손실을 보게 될 것이다.

우리나라에서 지금까지 부동산 투자자들의 성적은 '대체로 양호'라고 평가해도 될 것이다. 산업의 발달과 인구 증가, 도시 집중 등으로 웬만한 부동산은 지속해서 상승세를 보인 것이 그 이유다. 물론 IMF 구제금융 사태와 금융 위기를 겪으면서 일시적인 하락이 있었고 중간마다 등락을 거듭했지만, 전체적으로는 우상향 그래프를 그렸다.

2020년이 지나면서 부동산 투자는 새로운 패러다임으로 접근해야 하지 않을까 예상해 본다. 요즘 유행하는 말로 '본인 뇌피셜[7]이지만 말이다. 세계에서 가장 **빠르게** 진행되는 저출산의 공포와 고령사회 진입, 수출 둔화 등 어두운 뉴스가 많다. 특히 코로나19 여파로 인한 소비 위축과 전반적인 사회 · 경제의 침체는 부동산에 직격탄을 날릴 가능성이 높다. 부동산 투자자에게 혹독한 겨울이 올 가능성도 배제할 수 없다.

7) 신조어중 하나. 뇌와 오피셜(Official, 공식 입장)의 합성어로, 자기 머리에서 나온 생각이 사실이나 검증된 것 마냥 말하는 행위를 뜻한다. 또는 주로 인터넷상에서 객관적인 근거가 없이 자신의 생각만을 근거로 한 추측이나 주장을 이르는 말. [네이버 국어사전 참조]

11 | 깨알 노하우
불로소득과 투기, 억울한 부동산

  투자에 있어서 불로소득이란 용어를 많이 쓴다. 말 그대로 '일하지 않고 얻는 소득'이다. 특히 부동산에 투자해서 돈을 벌었을 경우 자주 사용한다. 이자소득 또는 주식이나 채권, 금, 선물 등에 투자해서 버는 돈 역시 같은 불로소득인데, 유독 부동산에만 눈을 흘기는 이유는 무엇인가.

  같은 투자인데도 불구하고 부동산에는 '부동산 투기'라는 달갑지 않은 말을 쓸 때가 많다. 물론 위법행위를 하면서 투기를 일삼는 사람들이 있기는 하다. 그런 사람들을 제외하면 우리 주변의 평범한 보통 사람들은 합법적인 틀 안에서 투자를 한다. 그들 중 많은 수가 투자에 성공해서 부자의 반열에 올라섰다. 혹시 부동산 투자를 투기라고 생각한다면 다른 시각에서 바라보기를 권하고 싶다.

전부라고 말하기는 어렵지만, 자신이 종사하는 직업에서 일정한 액수의 목돈을 만든 후 투자로 이어져야 빠르게 부자가 될 수 있다. 부동산 투자를 안 좋은 시선으로 바라보면 부자가 되기 힘들다. 사실 돈을 거저 주면서 투기를 해 보라고 해도 실력과 배짱이 없으면 못 한다. 부동산 투자는 무작정 아무 곳에나 한다고 수익이 되어 돌아오는 것이 아니기 때문이다.

　　부동산 관련해서 책과 강의 등을 통해 꾸준히 노력해야 내공과 실력이 쌓일 것이다. 다만 배짱은 스스로 키워야지 남들이 도와주기는 어려울 듯하다. 부동산 투자에 선뜻 나서지 못하는 이유 중 하나가 '겁이 나서' 또는 '손해 볼까 두려워서' 등 심리적인 부분이 있을 것이다.

　　배짱을 기르는 방법은 임대차 계약에서부터 연습하는 것은 어떨까. 자신의 조건에 100% 맞는 것을 끝없이 찾아다니는 것보다, 80~90% 선에서 결정을 하는 것도 좋다. 지역이나 주변 환경, 내부 구조 등에서 매수를 하듯이 실전 연습으로 배짱을 길러보자. 10~20% 부족한 집에 세 들어 산다고 해서 지구가 멸망하는 것도 아니고, 금전적으로 엄청난 손해를 보는 것도 아니다.

전세 자금 대출을 받든 지인으로부터 빌리든, 남의 돈을 이용하고 이자를 지급하는 연습을 하는 것도 좋은 방법이다. 두려움을 극복하는 법은 개인차가 있겠지만, 매매 계약에 앞서 임대차 계약으로 반복 연습을 하는 것도 괜찮으리라 본다. 혼자서 힘들면 배우자와 함께해 보자. 앞으로 겪을 부동산 매수를 위한 예행연습을 하는 것이다. 공포와 두려움을 극복하는 것도 투자 성공을 위해 꼭 필요한 덕목이다.

'부동산 투자는 타이밍' 이라는 말이
지나친 과장은 아닌 듯하다.
시간은 때때로 고수와 초보 모두에게 겸손과
인내를 가르치는 스승이 된다.

정부가 부동산 시장에 개입하는 것은 어찌할 수 없지만, 방향을 잘못 잡으면 초가삼간을 태우거나 소를 죽이고 만다.

Chapter 06
부동산에 웃고,
부동산에 운다

01 | 정치인과의 통화
너무 먼 개발 재료

정치인에게 유권자가 전화를 걸었을 때 시간에 따라 다르다.

선거 직전 : 아이고, 지금 어디십니까? 제가 바로 그리로 가겠습니다.

당선 초반 : 아이고, 이게 누구십니까? 안 그래도 지금 막 전화하려고….

당선 후 2년 : 제가 지금 회의 중이라서 나중에 전화드리겠습니다.

당선 후 3년 : 제가 좀 바빠서 이만….

공천 탈락 후 : 전화기가 꺼져 있어 음성 사서함으로….

선거는 부동산 시장의 지대한 관심을 받는 이슈다. 대통령 선거부터 국회의원 선거, 그리고 지방자치단체장, 지방의회 선거까지 각종 개발 공약 등 부동산 관련 이슈가 쏟아지기 때문일 것이다. 특

히 지방자치가 강화되는 최근의 추세에 비추어 지방의 단체장과
의회는, 부동산 시장에 미치는 영향력이 엄청나다.

알다시피 지방자치단체장과 지방의원의 권한은 무시 못 할 정도
로 크다. 대부분의 인·허가권과 행정의 최종적인 집행에 관여하
기 때문이다. 그런데 무조건적인 개발 공약 남발은 우려스럽다. 열
심히 일하는 모습을 보여주고, 개발과 관련된 일자리 창출이나 지
역발전을 위한다는 명분은 좋다. 그러나 다음 선거를 위해 지방 재
정이나 사정은 고려하지 않고, 대형 사업을 벌이거나 국제대회를
유치하는 것은 위험한 발상이다.

이는 일본의 경우를 보면 반면교사로 삼을 수 있다. 예산을 투입
해서 도로를 건설했지만 이용자가 없어 노루가 뛰어놀거나, 국제
스포츠 대회 개최를 위한 경기장 건설 등으로 지방 재정이 악화하
는 지자체가 증가하였다(나가노, 오사카, 도쿄 등). 매년 이를 관리하기
위한 유지비도 엄청나서 지자체의 골칫거리가 되고 있다.

우리나라도 '강 건너 불구경 하듯' 넘어갈 상황이 아니다. 인천
의 아시안 게임, 순천의 F1 경기, 평창의 동계올림픽 등 한두 건이
아니다. 가덕도 신공항 건설도 마찬가지다. 정치인들은 자신의 치

적으로 삼아 다음 선거를 대비할 때, 지방 재정과 국가 재정은 적자를 피하지 못할 것이다. 남는 것은 국민 몫의 세금뿐이다.

02 | 치아 보존을 위한 3가지 법칙
투자 성공을 위한 몇 가지 법칙

건강한 치아를 오래 유지하려면 다음 3가지 법칙을 잘 지켜야 한다!

1. 식후엔 반드시 칫솔질할 것(3분 안에 3분 동안).
2. 1년에 두 번 치과의사를 찾아갈 것.
3. 남의 일에 쓸데없이 참견하지 말 것.

부동산 투자를 하다 보면 공동투자를 하게 되는 경우가 생길 수 있다. 투자 강의를 같이 듣거나 스터디 그룹을 만들어 공부하다 보면 자연스럽게 투자까지 함께하기도 한다. 공동투자를 하다 보면 좋은 일만 생기는 것은 아니다. 때로는 의견 충돌이 발생할 수 있을 것이다. 이를 어느 정도 예상하고 당연하게 받아들이는 것도 필요하다고 본다.

　다툼의 유형을 예측해 보면, 언제 수익을 실현할 것인가? 즉, 매
수한 물건을 언제 팔 것인가. 수익이 나면 어떻게 나눌 것인가? 즉,
투자한 금액에 비례할 것인가, 공헌도에 비례하여 차등 배분할 것
인가에 따라 티격태격할 수도 있다. 때로는 자금 투자는 안 하고 실
력만 제공하는 사람이 있을 수 있다.

　공동투자를 경험한 사람으로서, 팀이나 스터디를 오래 유지하려
면 기본적으로 몇 가지 정해 놓은 것이 있어야 한다고 생각한다. 팀
원들끼리 서면으로 약속하는 것도 좋으리라 본다. 특히 수익 배분
이나 처분, 분쟁 등에 대해서는 약정서를 작성해서 얼굴을 붉히는
일이 없도록 한다.

　'공동투자 약정서'의 대표적인 내용을 예로 들자면,
　첫째, 참여자에 대한 수익 배분
　둘째, 이탈하는 팀원의 지분 처리
　셋째, 급한 자금 필요 시 조달 방법
　넷째, 문제 해결 시 결정 방법 등

공동투자는 보는 관점에 따라 다르겠지만, 개인적으로는 단점보다는 장점이 많다고 본다. 특히 초보 시절에는 더욱 필요하다. 만약 공동투자가 본인에게 맞지 않는다면, 각자 잘하는 역할을 분담하는 방법으로 참여하는 것도 좋으리라 본다. 혹은 공부만 하는 스터디 그룹의 일원으로라도 참여하는 것도 권하고 싶다. 부동산 투자가 혼자서 모든 것을 해결하기에는 넘어야 할 산이 많은 대상이기 때문이다.

03 | 꼬마의 잔머리
중개보수 협의

북적거리는 마트에서 한 여성이 지갑을 떨어뜨렸다.

지갑을 주운 한 꼬마가 그녀에게 달려가 돌려주었다.

지갑 안을 살펴본 여자가 말했다.

"음, 이상한 일이구나. 지갑 안에 5만 원짜리 지폐 한 장이 들어 있었는데 지금은 만 원짜리 5장이 들어 있네."

그러자 꼬마가 재빨리 대답했다.

"저번에 어떤 여자분 지갑을 돌려줬는데

그분은 잔돈이 없다고 사례금을 안 주셨거든요."

부동산 거래 시 중개업소와 다툼이 생기는 원인 중 가장 흔한 것이 중개보수 문제다. 중개수수료, 복비 등으로 불리는 것 말이다. 싸우지 않는 방법은 중개보수를 계약 전 미리 협의하는 것이 최고다. 물론 직거래나 분양 등의 방법은 중개업자가 필요 없어 선호하는 사람들도 있지만, 일반적인 방법은 아니다.

개인마다 차이는 있으나 중개업자를 대하는 몇 가지 태도에 대해서 살펴보자.

첫째, 중개업자를 싫어하는 타입이다. 이유 없이 싫을 수도 있고, 과거에 안 좋은 추억이 있어서 그럴 수도 있다. 혹은 중개보수가 비싸서 싫다는 사람도 있다. 중개보수를 깎느라 싸우기도 한다.

둘째, 중개업자와 적절히 타협하는 타입이다. 계약을 진행할 때 자신에게 유리한 조건으로 이루어지도록 한다. 중개보수에 대해서는 미리 협의해서 나중에 문제가 될 소지를 없앤다. 적절한 처신이라고 본다.

셋째, 중개업자를 전적으로 신뢰하는 타입이다. 중개업자가 권유한 물건에 투자해서 성공을 거둔 사람들에게 해당할 것이다. 부동산을 관리해 준다든지, 계약으로 한번 인연이 맺어져 계속 거래하는 케이스도 있을 것이다.

중개업자와 맞지 않는 타입은 애초부터 직거래하는 편이 좋을 것이다. 어쩔 수 없이 해야 한다면 중개보수는 미리 협의하는 것이 최선이다. 의뢰 단계부터 하거나 계약 직전에 하기를 권한다. 계약 후에는 의견 충돌이 많기 때문이다. 부동산 거래나 관리 등을 본인이 직접 알아서 하는 사람들에게는 해당이 없겠으나, 보통의 경우는 중개업자와 끈을 놓을 수 없을 것이 현실이다.

부동산 관련해서 25년 넘게 현장을 지켜본 필자의 생각으로는 '상대방에게도 먹을 것을 주어야 한다.' 라는 것이다. 거래 상대방은 이익이 있어야 나와 거래한다. 중개업자도 거래 상대방에 속한다. 중개보수를 많이 주면 더 열심히 뛸 것이다. 단, 미리 협의하기를 권한다.

04 | 중개인의 순발력
허위 · 과장 광고에 대한 규제

경기침체 여파로 집을 보러 다니는 사람들이 없어지자
부동산 중개인들은 한 건이라도 올리려고 눈에 불을 켰다.
그날도 집을 보러온 부부에게 허풍을 떨고 있었다.
"이 동네는 정말이지 너무도 깨끗하고 아름다운 곳이랍니다.
공기를 한번 마셔보세요. 너무 신선하고 쾌적하죠?
여기에 사는 사람들은 절대 병에 걸리지 않아요.
그래서 죽는 사람이 없답니다. 어떠세요, 계약하시죠?"
바로 그때! 장례 행렬이 집 앞을 지나가는 것이었다.
순간적으로 당황한 중개인. 하지만 그는 침착하게 행동했다.
한숨을 한 번 내쉬며 하는 말,
"가엾은 의사 선생님, 환자가 없어서 굶어 죽다니"

부동산 거래를 하려면 대개 부동산 중개사무소를 통한다. 물론 분양이나 경매는 예외로 한다. 중개업자나 분양 직원, 기획부동산 관련 종사자들에게 인식이 안 좋은 것은 사실이다. 크게 보면 사기를 당하는 경우와 광고나 화려한 언변에 현혹되어 비싸게 구매하는 경우로 나눌 수 있을 것이다.

우선 사기를 당하는 경우를 살펴보자. 간혹 뉴스에 등장하는 '전세 보증금 사기'가 여기에 해당한다. 대리권에 대해 위임장과 인감증명서를 확인하는 것이 우선이다. 또 계약금과 잔금 등을 등기사항증명서에 표시된 소유자에게 입금하는 것이 가장 중요하다. 잔금 지급 전에 소유자와 대면을 하거나 전화 통화하는 것도 좋다. 만일 여의치 않으면 입주 후에라도 연락을 취하는 것이 순서일 것이다.

집주인의 대리로 전세 계약을 할 때 조금만 더 주의를 기울이면 된다. 대리인이 집주인에게는 월세로 계약한 것처럼 꾸미고 차액을 편취하는 행위는 막을 수 있다. 부동산 계약에 대한 기본만 지켜도 예방이 가능하다고 본다. 사고는 기본을 지키지 않는 데서 발생한다.

두 번째로 과장 광고에 대해 알아보자. 부동산 사기를 당했다는 사람들의 이야기를 들어보면 여기에 해당하는 경우가 많다. 사기라기보다는 허위·과장 광고에 속았다는 표현이 맞을 것이다. 건설사는 팔기 위해서 각종 개발 재료와 상품의 장점만을 나열한다. 확실하지 않은 개발 계획을 마치 확정된 것처럼 광고한다든지, 개발 후의 효과를 지나치게 부풀려서 홍보하는 경우가 많다.

　여기에 분양 직원, 중개업자들의 과대 포장이 곁들여지면 유혹을 뿌리치기 어려울 것이다. 물건에 대한 과대평가는 실제 가격보다 비싸게 사도록 유도한다는 말과 같다. 미래 가치가 낮은 물건을 현재 높은 금액으로 매수한다면 결국 손해다. 막연한 기대감으로 부동산을 구매하는지, 철저한 분석을 통하여 적정 수익을 예상하면서 구매하는지 자신에게 물어보라. 투자 실패를 무조건 남 탓으로 돌릴 수만은 없기 때문이다.

05 | 결혼의 조건
역대 모든 정권은 부동산 정책에 성공한 적이 없다

아들 : 아빠 나 결혼하고 싶어.

아빠 : 일단 사과해.

아들 : 뭘 사과해?

아빠 : 먼저 사과해.

아들 : 도대체 뭘? 내가 뭘 했다고?

아빠 : 먼저 사과하라니까!

아들 : 이유라도 말해 줘! 제발!

아빠 : 우선 사과해.

아들 : 알았어. 아빠, 내가 잘못했어.

아빠 : 아들아, 이제 너는 훈련이 끝났다.

　　　네가 이유도 모르는데 사과하는 법을 배웠다면,

　　　결혼할 준비가 된 거야.

부동산 가격이 폭등하면 사회가 시끄럽다. 생존의 기본인 주거가 불안하고, 대표적인 '불로소득'으로 돈 있는 사람들만의 잔치라는 인식이 강하기 때문일 것이다. 그래서 당국에서는 대책을 하루가 멀다고 발표한다. 부동산값이 폭등하면 근로 의욕이 저하되고 빈부 격차는 심해지고, 민심은 흉흉하고 여론이 나빠져서 정권이 동력을 잃기 때문이다. 한발 더 나아가 선거에서 표가 나오지 않으니 국민들의 눈치를 안 볼 수가 없다.

정부와 여당은 부동산 가격이 폭등하면 무조건 '잘못했다.'라고 사과하면서 국민들의 성난 마음을 달래야 한다. 가격 폭등으로 집 없는 서민의 꿈은 멀어졌고, 필요한 곳에 공급이 없다고 사방천지에서 난리다. 빨리 부동산 잡는 대책을 내놓으라고 아우성친다. 어렵사리 대책을 발표하면 구멍이 숭숭 뚫렸다고 야단이다. 이런 때 정책 당국자는 입을 조심해야 한다. 말 한마디 잘못하면 100년 치욕을 한꺼번에 먹는다.

웃기는 것은 가격이 폭락해도 '잘못했다.'라고 사과해야 한다. 정책을 잘못 펼쳐서 그랬든, 경기가 추락해서 그랬든, 투기꾼이 날뛰어서 그랬든 뭐가 뭔지 몰라도 사과해야 한다. 이번에는 부양책을 써서라도 부동산을 살려야 한다고 난리다. 지난 시절 부동산 가격 잡아야 한다던 그 많던 아우성은 입 닫은 지 오래다. 정책 당국자는 공연히 말 한마디 잘못했다가 비난의 화살을 온몸으로 맞아야 한다.

부동산 시장이 안정된다고 해서 칭찬을 받는 일은 드물다. 그냥 조용히 넘어가면 다행이다. 부동산 가격의 폭등이나 폭락은 표의 향방을 좌우하는 주요 이슈다. 정치적인 입장에서 보면 부동산 가격은 완만하게 상승하거나, 가격 변동이 크지 않은 보합세가 최상인 듯하다. 세상일이 뜻대로 되지 않아서 탈이지만 말이다.

06 남편의 인상착의
층간 소음 분쟁

어떤 중년 부부가 성격 차이로 자주 싸웠다.

하루는 남편이 개를 데리고 산책하러 갔는데 며칠이 지나도 들어오지 않았다.

아내는 파출소에 가서 신고했다.

"혹시 사고를 당했을지도 모르니 빨리 좀 찾아주세요."

경찰은 아내를 진정시킨 후 남편의 인상착의에 대해 꼬치꼬치 물었다.

키, 복장, 얼굴 생김새, 안경 착용 여부 등.

가만히 듣던 아내가 경찰의 얼굴을 빤히 바라보더니 말했다.

"저는요, 남편을 찾는 게 아니라 개를 찾으러 온 거라고요!"

최근 주택 임대차 계약에서 문제로 등장하는 것이 '애완동물 사육' 에 대한 것이다. 뉴스에 따르면 사육인구가 600만 가구 1,500만 명 시대를 넘었다고 한다. 생활 수준의 향상이나 1인 가구가 늘어나는 사정에 비추어 본다면 앞으로 더 증가할 가능성이 있다. 또한 '애완동물' 의 수준을 넘어서 '반려동물' 이라는 단계까지 등장하였다.

단순히 동물을 좋아해서 키우는 과정을 넘어, 핵가족 시대와 1인 가구 시대에서 '개나 고양이' 가 '반려견이나 반려묘' 의 수준까지 진화한 것이다. 덧붙여, 맹인 안내견을 비롯한 특수한 경우도 있고, '파충류나 곤충' 까지 취미로 기르는 마당에 뭔가 대책이 필요하다고 본다. 앞으로 관련 법률을 보완하는 것도 진지하게 고민해 봐야 할 것이다.

개나 고양이 등 애완동물을 키우지 않는 사람들은 소음이나 배변 문제 등으로 싫어하기 일쑤이지만, 동물에 정을 붙이고 기르는 사람들에게는 가족의 일원과 같다. 애완동물을 대하는 입장이 이렇게 상반되니 참으로 난처할 때가 있을 것이다. 그 중 특히 문제가 되는 것은 아파트나 오피스텔 등 공동주택의 임대차 계약에서일 것이다.

우선 최근에 나온 판결을 보도록 하자. 집주인 입장에서 보면 약간 억울할 듯하지만, 이러한 법원의 판단은 앞으로의 임대차 계약에 선례가 되므로 알아 둘 필요가 있다.

법원은 '집주인이 반려견을 기르지 않는 것을 계약 조건으로 내세운 적 없고, 사회 통념상 아파트에서 반려견을 기르는 것을 금지하고 있지 않으며, 반려견 3마리가 모두 소형견이라 이를 집주인에게 먼저 말할 의무는 없다.' 고 판시했다. [서울중앙지방법원 2017나63995 참조]

여기서 핵심적인 내용은 계약 당시 임차인은 통상적인 '애완동물에 대해서 집주인에게 먼저 말할 필요는 없다.' 라는 것이다.

위의 판결을 기초로 임대차 계약할 때 주의할 사항을 살펴보자. 우선, 임대인은 애완동물을 사육하는 임차인이 싫다면 매물을 의뢰할 때 미리 부동산 중개업소에 애완동물 사육 불가 입장을 명확히 전달해야 한다. 또 계약 전 임차인이 애완동물을 사육하는지를 확인해서 계약 여부를 판단해야 할 것이다. 임차인이 사육하는 것에 반대한다면 그러한 임차인과 계약을 하지 않거나, 사육하지 않기로 계약서에 명시하는 것이 좋다.

임대인의 입장에서 임차인이 애완동물을 사육하는 것에 동의하지 않는다면 임차인을 구하기 어려운 상황을 맞이할 수도 있을 것이다. 서두에서 말한 바와 같이 애완동물을 사육하는 사람들이 워낙 많아진 탓이다. 어쩔 수 없이 애완동물 사육을 허락하고 계약을 체결한다면, 몇 가지 특약을 추가하여 추후 분쟁이 없도록 해야 한다.

특약 몇 가지를 예로 들어 보면,

– 임차인은 애완동물을 사육하지 않기로 하며, 위반 시 즉시 퇴거 또는 애완동물을 다른 곳에 맡기기로 한다.
– 임차인은 애완동물을 사육하지 않기로 하며, 위반 시 위약벌로 1일당 10만 원씩 약속 이행할 때까지 임대인에게 지급한다.
– 벽지나 바닥재, 가구 등을 훼손할 경우 원상회복한다(자연마모 제외).
– 애완동물 사육으로 인하여 이웃과 분쟁 발생 시 임차인의 책임으로 해결한다(즉시 퇴거 포함).
– 퇴실 청소는 임차인의 부담으로 한다(소독 포함).

위와 같이 계약서를 작성할 때 상호 간에 확실히 해 두면 분쟁이 훨씬 줄어들 것이다. 또한 특약에 자세히 명시함으로써 책임의 소재를 명확히 하면, 임차인은 애완동물 사육에 좀 더 주의를 기울이게 된다.

애완동물이 이웃에게 끼치는 피해를 가볍게 생각해서는 안 된다. 공동주택에서는 피해를 받는 세대가 많고 그 범위가 넓기 때문에 주의를 필요로 한다. 특히 개 짖는 소리는 어느 한 세대의 임대인과 임차인의 문제를 넘어선다. 그래도 불가피하게 애완동물을 사육해야 한다면 동물 주인의 특별한 주의와 배려가 필요하다.

코미디 프로에 자주 등장하는 "우리 애는 안 물어요."라든지 "우리 개는 안 짖어요."라고 우기는 사람들은 자칫 다툼으로 이어질 수 있다. 굳이 법에 호소하지 않더라도 애완동물로 인하여 집주인이나 이웃들과 마찰이 생긴다면 서로 피곤한 일이다. 애완동물을 가족과 같이 생각하고 반드시 키워야 한다면, 이웃에게 피해를 최소화하는 방법으로 길러야 할 것이다.

07 | 정확한 사망 원인 **모델 하우스 인파**

목사님이 환자의 임종 기도를 하러 병원에 왔다.

가족들도 모두 나가고 목사님과 환자만 남았다.

"마지막으로 하실 말씀은 없습니까?"라고 목사가 묻자

환자는 괴로운 표정으로 힘을 다해 손을 허우적거렸다.

목사는 "말하기가 힘들다면 글로 써 보세요." 하면서 종이와 연필을 주었다.

환자는 버둥거리며 몇 자 힘들게 적다가 숨을 거두었다.

목사는 종이를 가지고 병실 밖으로 나와 슬퍼하는 가족들에게

"우리의 의로운 형제는 주님 곁으로 편안히 가셨습니다.

이제 고인의 마지막 유언을 제가 읽어 드리겠습니다." 하며 종이를 펴고 큰 소리로 읽기 시작했다.

"발 치워, 너 호흡기 줄 밟았어."

우리는 자신의 실수에 대하여 전혀 모르거나 관대한 경우가 많다. 남의 실수나 잘못은 크게 확대하고, 자신은 어쩔 수 없었다고 축소하기 바쁘다. 아파트 모델 하우스에 가서 사람들이 바글바글한 것을 보고, "무슨 사람들이 이리 많나? 투기꾼들이 전부 여기 모였네."라고 불평한다. 경쟁률이 높은 것은 남의 탓이라고 떠넘긴다. 현장에 있는 본인은 대체 누구란 말인가? 오히려, 불평하는 본인이 빠져 줘야 세상이 조용할 듯하다.

자신이 주택을 구매하면 내 집 마련을 위한 실수요이고, 남이 하면 돈독이 오른 투기수요라고 나무란다. 무주택자일 때 집값이 오르는 것을 보면서, 정부를 원망하고 주변의 다주택자에게 곱지 않은 시선을 보낸다. 모든 책임은 외부요인으로 돌린다. 그러다 막상 자신이 집을 장만하면 집값이 안 오른다고 날뛰고 더디게 올라감을 한탄한다. 그리고 부동산을 더 보유하려고 갖은 수를 다 쓴다.

이율배반에 대해 비웃자는 이야기가 아니다. 오히려 필자가 한술 더 뜰 수 있다. 자본주의 사회에서 이익을 추구하고 재테크에 열광하는 개인에 대해서 욕할 이유가 없다는 것이다. 자연스러운 현상이고 어쩌면 부동산 투기를 당연한 것으로 받아들여야 할지도 모르겠다. 이를 부정하고 억지로 투기를 잡으려고 하면 결국 부작용만 커진다. 무리한 규제는 더욱 나빠진 형태로 다가올 위험성이 있기 때문이다.

    집값이 조금만 올라도 호들갑을 떠는 언론, 그 언론에 빠르게 반응하는 가계, 상승론에 기름을 붓고 부채질을 하는 건설사와 관련 업체, 인기와 대중 요법 위주의 정책을 펼치는 정부가 만나면 부동산 시장은 혼란스럽다. 무주택자부터 1주택 소유자, 다주택자까지 모두가 뒤죽박죽이다. 정부가 부동산 시장에 개입하는 것은 어찌 할 수 없지만, 방향을 잘못 잡으면 초가삼간을 태우거나 소를 죽이고 만다.

08 | 노부부의 50년 해로 비결
저출산과 자녀 양육에 대한 부담

어느 노부부의 결혼 50주년을 축하하는 잔치가 열렸다.

두 사람은 자녀를 10명이나 낳아서 키웠다.

이제 증손자까지 35명이나 되는 축복을 누리고 있다.

손님 한 명이 할머니에게 그토록 오랫동안 함께 지낼 수 있었던

비결이 뭐냐고 물었다.

그러자 할머니가 대답했다.

"우리가 오래전에 서로 약속한 게 한 가지 있었어요.

먼저 보따리를 싸서 떠나는 쪽이 아이들을 모두 데리고 가기로요."

우리나라의 저출산 문제는 이미 개인적인 차원을 넘어섰다. 문제의 심각성을 알기에 정부에서 다각도로 노력하지만 좀처럼 해결의 기미가 보이지 않는다. 원인은 다양할 것이다. 경기가 나빠 청년층

의 실업이 증가하니 자연스럽게 혼인율이 낮아지는 점, 만혼이나 비혼, 자녀 양육 기피, 주택 문제 등 여러 이유를 거론할 수 있다.

이 중에서 특히 자녀 교육 문제가 큰 비중을 차지하지 않나 생각해 본다. 유치원부터 초·중·고 그리고 대학교까지의 교육비가 막대한 부담으로 작용하는 것은 부인할 수 없을 것이다. 두 자녀 이상 갖는 것이 가정의 행복 지수를 좌우하는 큰 변수가 될 정도다. 최근 다자녀 갖기 운동을 벌이고 있는 정부에서 많은 지원책을 내놓는다고 하지만 역부족인 것 같다.

필자의 부모 세대를 비롯하여 위 세대들에게 경의를 표하게 되는 시점이다. 과거 4인 가족을 기본으로 대여섯 명 이상의 자녀를 둔 세대도 많았으니 말이다. 그 많은 자녀를 먹이고, 입히고, 교육하느라 하루도 쉴 날이 없었던 분들께 감사와 존경을 표하는 바이다. 시대가 바뀌어 두 자녀도 많다면서 한 자녀 갖기 운동을 벌이던 때가 엊그제이다. 정책 실패를 이제 와서 후회하고 있지만 되돌리기는 불가능하고, 앞으로의 다자녀 갖기 정책에 응원을 보낼 뿐이다.

2018. 03. 12. 연합뉴스의 내용을 보면, '보통사람은 자녀가 고등학교 졸업할 때까지 교육비로 총 8천552만 원을 사용했다. 신한

은행이 12일 발표한 〈2018 보통사람 금융생활 보고서〉에 따르면 자녀 1명을 고등학교 졸업시킬 때까지 총 교육비는 평균 8천552만 원이 들어간다. 이 중 사교육비가 6천427만 원이었다. 자녀의 대학 등록금까지 고려하면 교육비로 1억 원 이상이 필요한 것이다.' 라고 보도되었다. 개인적인 편차는 있겠지만 교육비가 가정경제에 큰 부담이 되는 것은 잘 알려진 사실이다.

추가로 대학 졸업 때까지, 이후 취직하기까지 혹은 독립하기까지 자녀에게 들어가는 비용은 셈을 하기 어려울 지경이다. 사정이 이러한데 정부에서 무작정 다자녀 출산을 장려하는 것에 박수를 보내기도 어렵다. 주택, 일자리, 자녀 교육 문제 등이 결합한 저출산 문제는 당장 해결이 시급하지만 좀처럼 풀릴 것 같지는 않다. 정부에서 수조 원을 쏟아부어도 나아질 기미가 없다고 하는데, 개인적으로도 뾰족한 아이디어가 없는 점이 안타까울 따름이다.

09 꽉 막힌 공무원
열린 마음으로 투자

농사꾼이 관청 소속 트럭에서 두 사람이 내리는 것을 보았다.

한 사람이 길가에 삽으로 구멍을 파면, 다른 사람은 그 구멍을 흙으로 메웠다.

두 사람은 이런 식으로 구멍을 파고 메우기를 되풀이하고 있었다.

농사꾼이 물었다.

"도대체 뭣들 하고 있는 거요? 구멍을 파고 메우기만 하고 있으니, 당신네들은 국민의 세금만 낭비하고 있는 것 아니오?"

공무원이 대답했다.

"아닙니다. 우리는 세 사람이 같이 일하거든요.

내가 구멍을 파면, 중간 사람이 나무를 집어넣고, 다음 사람이 구명을 메우지요.

그런데 중간 사람이 아프다고 누워 있으니 어떡합니까.

중간에 사람이 없어도 우리 둘은 할 일을 해야 하지 않겠어요?"

나이가 어느 정도 든 독자의 경우 요즘 공무원들이 친절해졌음을 피부로 느낄 것이다. 과거에 각종 인허가 신청으로 공무원을 접해 본 사람들은 더욱 공감할 것이다. 콕 집어 말할 수 없지만, 공무원 개인적인 노력이나 조직적인 개선, 인터넷의 발달로 인한 민원 제기 등으로 공무원들이 변한 이유라고 본다. 객관적인 시각으로 보았을 때 공무원의 보신주의나 규정에 얽매인 꽉 막힌 일 처리도 문제이지만, 업무를 의뢰하는 시민의 입장에서 올바른 처신을 하는지도 살펴볼 필요가 있다.

때로는 공무원 입장을 생각하지 않고 오로지 본인들의 이익만을 위하여 우기지는 않았는지도 생각해 봐야 한다. 최근의 맘카페나 단톡방을 살펴보면 집값 올리기의 일환으로 'OO지역 가꾸기' 또는 '△△지역 발전'이라는 이름으로 무차별 민원을 넣거나 공무원을 압박하는 사례도 빈번하다. 특히 공무원들이 '민원 제기'에 대하여 상당한 두려움을 가지고 있는 약점을 간파하고 생떼를 쓰는 경우도 많다.

덧붙여, 자신의 투자성향이나 패턴, 방법 등을 제3자의 눈으로 바라볼 필요가 있다. 너무 꽉 막힌 방법만 고집하는 것은 아닌지, 하나만 알고 둘은 모르는지 점검해 봐야 한다. 투자에 실패한 적이 있다면 다양한 시도를 해 보고, 고수의 방식을 따라 하는 것도 하나의 방법이 된다. 자신의 고집대로만 한다면 헛된 삽질만 하는 오류를 범할 수 있기 때문이다.

10 | <small>딸 걱정</small>
돈은 어디에서 나오는가

이웃집 여자 둘이서 자식 걱정을 하고 있었다.

먼저, 한 어머니가 걱정스러운 얼굴로 말했다.

"대학 다니는 아들 녀석이 항상 돈을 부쳐 달라는 편지만 보내니

도대체 그 돈으로 뭘 하는지 모르겠어요."

그러자 다른 어머니가 더욱 걱정스러운 표정으로 말했다.

"그런 거라면 저는 걱정도 안 해요.

대학생인 제 딸은 한 번도 돈 보내 달라는 소리를 안 하니,

도대체 어디서 돈을 마련하는지…."

'전세' 제도는 세계에서 우리나라가 유일하다고 알려져 있다. 전
세와 전세권8)은 약간 다르지만 같이 묶어서 복잡하지 않게 이야기

하자. 범위를 주택으로 한정하기로 한다. 집주인에게 전세금은 다시 갚아야 할 빚이다. 그러나 빚으로 생각하는 집주인은 많지 않은 듯하다. 다음 임차인에게 받아서 주면 되는 것으로 여기고, 관례로 임차인들도 빼서 나가는 것으로 생각하는 경향이 강하다.

'갭투자'라는 용어가 등장한 것도 전세 때문이라고 본다. 집값의 60~80%에 이르는 전세금을 제외한 나머지 금액만으로 집을 사두고, 집값이 오르기만을 기다려 양도차익을 노리는 작전 말이다. 갭투자자들에게 전세는 무이자·무위험·무책임 부채다. 어찌 보면 부채가 아니라고 봐도 무방할 정도다. 집값이 폭락하여 '깡통 전세'가 되면 임대인이나 임차인이나 대책이 없기는 마찬가지다. 이러한 위험성 때문에 최근 '전세보증보험' 가입이 증가하는 추세다.

세입자는 전세금만 지급하면 월세금 등의 지출을 피할 수 있어서 좋고, 만기가 되면 다시 보증금을 돌려받을 수 있으니 선호할 수밖에 없는 임차 형태다. 집주인은 비싼 집을 적은 금액으로 사두고, 시간 경과 후 양도차익을 얻을 수 있으니 만족이다. 한마디로 세입자와 임대인 모두 계산이 맞아떨어지는 구조다.

여기에 기름을 부은 것이 박근혜 정부 시절 본격적으로 '전세자금 대출'이 시행된 것을 들 수 있다. 2017년 당시 〈금융감독원 자료〉의 '국내은행의 전세 대출 현황'에 따르면 '박근혜 정부 들어 은행권 전세 대출 잔액은 2012년 말 23조4천억 원에서 51조1천억 원으로 불어나 두 배 이상(118%) 급증했다. 연평균으로 환산하면 매년 22%의 속도로 전세 대출이 증가한 셈이다.' 라고 한다.

물론 문재인 정부에서도 전세자금 대출은 지속해서 증가하였다. 전세 대출 증가 등 주거비용 상승은 소비위축 및 가계 재무구조 악화의 요인으로 작용할 우려가 높다. 이는 주택가격 상승에 커다란 공헌을 한 것으로 보인다. 전세금만큼의 거품이 끼었다고 보기에는 무리이지만, 일정 부분 매매 가격 거품에 기여한다. 최근 규제가 강화되었지만, 이전에는 주택이 있는 사람도 다른 곳에 전세를 얻을 때 전세자금 대출이 가능했었다.

갭투자의 원흉이라는 것을 뒤늦게 알아차렸는지 정부에서는 전세 자금 대출에 대한 규제를 대폭 강화하는 방향으로 선회하였다. 또한 최근 주택임대차 3법의 등장으로 갭투자자들에게 커다란 변화를 요구하고 있다. 전세 세입자의 거주기간 4년 보장은 무작정 갭투자를 하기에는 신중한 계산이 필요할 것이다. 전세 매물의 감소가 예상되고, 월세로 전환되는 양도 상당할 것으로 보인다.

11 | 깨알 노하우
부동산 관련 정보 스크랩

① 신문 기사 정리

부동산 관련 지식과 투자 실력을 늘리는 데에는 책이나 신문, 동영상, 강의 등 다양한 수단이 있을 것이다. 특히 경제신문은 내용이 풍부하고 일반 신문에 비해 한 단계 높고 깊이 있는 정보를 얻기에 좋다. 지난 시절에는 경제신문을 스크랩하고 자료를 모아두는 것을 권장하기도 하고, 그것이 곧 내공을 쌓는 지름길이라는 말도 있었다.

과거 신문 스크랩이라고 하면 중요한 내용을 오려두거나, 비닐 파일에 넣어 보관하는 방식을 주로 사용했다. 필자도 시도해 보았으나 다시 보기가 쉽지 않았다. 분실 위험도 있고 종이가 변색하기도 하며 필요한 내용을 찾기도 어려웠다. 그래서 현재는 한글 파일에 정리하는 방법을 쓴다. 시대가 변했으니 스크랩하는 방법도 바꾸어 보았다.

우선 한글 문서에 날짜를 기록하고 평소 즐겨 보는 종이신문의 중요사항만 입력해 둔다. 마치 일기를 쓰듯이 그날그날의 중요한 소식을 기록해 두는 것이다. 예를 들어, 1면의 메인 뉴스의 제목, 부동산 면의 헤드라인과 굵은 글씨 등을 읽으면서 타이핑을 한다. 꼭 필요한 내용은 신문사 홈페이지에 들어가 복사 후 붙여넣기 하면 된다. 일일이 타이핑하기에는 시간이 너무 많이 걸리고 번잡하다.

② 지방신문 기사 정리

신문하면 '조선, 동아, 중앙, 한국, 한겨레' 등 일간지나 '매일경제, 한국경제' 등 경제신문만 생각하기 쉽다. 그런데 자신이 투자하려고 관심을 두는 지역의 '지역신문'을 참고하는 것도 도움이 된다. 개발 소식이나 교통망 등의 정보는 중앙 일간지에서 다루지만, 세부적인 내용이나 변경사항 등은 지역을 잘 아는 지방신문이 낫다.

예를 들어, 경기도 하남지역에 관심이 있다면 '경기신문'과 '하남신문'을 구독한다. 세종시라면 '대전일보'나 '충청일보' 또는

'충청세종일보'를 추천한다. 비용을 들여 우편으로 종이신문을 받아 볼 필요 없이, 인터넷으로 각 신문사 홈페이지에 접속하면 된다. 신문 기사의 내용을 바탕으로 관심 지역을 세부적으로 분석하고 판단한다면, 투자에 더욱 도움이 되리라고 생각한다.

여기에 덧붙여 지방신문에서 언급하는 '지역 단체장'의 발언이나 동정을 살펴보고, '지방 의회'의 회의 결과나 의결 사항 등을 추적해 보는 것도 좋을 것이다. 대개 시·군·구청의 홈페이지나 지방의회 홈페이지에 관련 소식이 올라와 있다. 정치인은 표를 위해서 자신의 업적을 홍보하는 데에는 누구보다 앞장서기 때문이다.

종이신문이나 잡지 등의 지면을 스크랩하는 것보다, 파일 형태로 저장해 두면 가장 좋은 것이 필요한 내용을 찾기 편하다는 점이다. 찾기 기능(Ctrl + F)을 이용해 주요 키워드만 입력하면 원하는 정보를 얻을 수 있는 점이 무엇보다 좋다. 날짜별로 주요 키워드만 적어 놓고, 나중에 검색해서 상세한 내용을 보면 된다. 또한 복사나 오려두기, 붙이기 등이 자유로워 글을 쓰거나 인용하기에도 편리하다.

웃기고 울리는 부동산

초판인쇄	2020년 12월 23일
초판발행	2020년 12월 30일
지은이	신현석
발행인	조현수
펴낸곳	도서출판 더로드
마케팅	최관호
IT 마케팅	조용재 백소영
교정교열	권현덕
디자인 디렉터	오종국 Design CREO
ADD	경기도 고양시 일산동구 백석2동 1301-2
	넥스빌오피스텔 704호
전화	031-925-5366~7
팩스	031-925-5368
이메일	provence70@naver.com
등록번호	제2015-000135호
등록	2015년 06월 18일
ISBN	979-11-6338-123-5-03230

정가 15,000원